씽크톡톡
Think TokTok

기초에서 활용까지 한 번에 배우는

THINK
TOKTOK

한글 2016

씽크톡톡 한글 2016

초판 2쇄 발행_2022년 12월 10일
지은이 웰북교재연구회　**발행인** 임종훈
표지·편집디자인 인투　**출력·인쇄** 정우 P&P
주소 서울시 마포구 방울내로 11길 37 프리마빌딩 3층
주문/문의전화 02-6378-0010　**팩스** 02-6378-0011
홈페이지 http://www.wellbook.net

발행처 도서출판 웰북
ⓒ 도서출판 웰북 2022
ISBN 979-11-86296-64-6　13000

꼭 기억하세요!

상담을 원하시거나 컴퓨터 수업에 출석할 수 없는 경우 아래 연락처로 미리 연락주시기 바랍니다.

_____

_____

타수체크

초급단계

월 일	월 일	월 일	월 일	월 일	월 일
월 일	월 일	월 일	월 일	월 일	월 일
월 일	월 일	월 일	월 일	월 일	월 일
월 일	월 일	월 일	월 일	월 일	월 일
월 일	월 일	월 일	월 일	월 일	월 일

중급단계

월 일	월 일	월 일	월 일	월 일	월 일
월 일	월 일	월 일	월 일	월 일	월 일
월 일	월 일	월 일	월 일	월 일	월 일
월 일	월 일	월 일	월 일	월 일	월 일
월 일	월 일	월 일	월 일	월 일	월 일

고급단계

월 일	월 일	월 일	월 일	월 일	월 일
월 일	월 일	월 일	월 일	월 일	월 일
월 일	월 일	월 일	월 일	월 일	월 일
월 일	월 일	월 일	월 일	월 일	월 일
월 일	월 일	월 일	월 일	월 일	월 일

이 책의 목차

01강 처음 만나는 한글 2016

이렇게 배워요!

- 글자를 입력하고 수정하는 방법을 알아보아요.
- 파일을 불러오고 저장하는 방법을 알아보아요.

 01 한글 2016을 살펴보아요

한글 2016은 다양한 문서를 만들 수 있는 프로그램입니다. 한글 2016의 메뉴와 기능들의 위치를 알아보아요.

📁 [예제파일] 새로 만들기

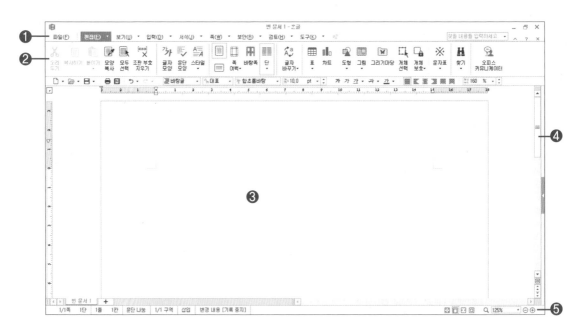

❶ **메뉴** : 문서를 편집하는 기능을 선택할 수 있어요. 화살표를 누르면 여러 메뉴가 표시돼요.

❷ **도구 상자** : 메뉴 탭을 누르면 해당하는 기능을 아이콘 모양으로 표시해요.

❸ **문서 창** : 글자를 입력하는 공간으로 확대하거나 축소할 수 있어요.

❹ **이동 막대** : 화면에 보이지 않는 문서 부분으로 이동할 수 있어요.

❺ **상황 선** : 커서의 위치나 문서 편집 상태를 알려줘요. 화면 크기도 바꿀 수 있어요.

02 글자를 입력하고 고쳐보아요

이제 비어있는 공간에 글자를 입력해 볼까요? 글자를 입력하고 고치는 방법을 알아보아요.

① 새로운 문서를 만들고 비어있는 공간에 그림과 같이 내용을 입력해 보세요.

> 친구들과 만나면 반갑게 인사해요
> 아침에 만나면 반가워 친구야
> 오후에 만나면 우리 함께 재미있게 놀아
> 저녁에 만나면 내일 또 만나

조건

- 한 칸을 띄울 때는 스페이스바(Spacebar)를 눌러요.
- 커서 앞에 있는 글자를 지울 때는 백스페이스(Backspace)를 눌러요.
- 커서 뒤에 있는 글자를 지울 때는 딜리트(Delete)를 눌러요.
- 다음 줄로 넘어가려면 엔터(Enter)를 눌러요.

② 문서에 입력한 글자를 아래 그림과 같이 내용을 고쳐 보세요.

> 친구들과 만나면 반갑게 인사해요
> 아침에 만나면 굿모닝
> 오후에 만나면 굿애프터눈
> 저녁에 만나면 굿이브닝
> 내일 또 만나요 굿바이

03 영어와 기호를 입력해 보아요

문서에 영어나 물음표, 느낌표 같은 기호를 어떻게 입력하는지 알아보아요.

❶ 키보드의 한/영 키를 클릭해요. 누를 때마다 한글과 영어를 입력할 수 있도록 바뀌어요.

❷ 아래 그림과 같이 내용을 고쳐요. 대문자를 입력할 때는 쉬프트(Shift)를 누르고 입력해요.

> 친구들과 만나면 반갑게 인사해요
> 아침에 만나면 Good-Morning
> 오후에 만나면 Good-Afternoon
> 저녁에 만나면 Good-Evening
> 내일 또 만나요 Good-Bye

❸ 키보드의 숫자키 위의 기호는 쉬프트(Shift)를 누르고 입력하면 돼요. 문서를 그림과 같이 여러 기호를 넣어 수정해 보세요.

> 친구들과 만나면 반갑게 인사해요!
> 아침에 만나면, Good-Morning? @.@
> 오후에 만나면, Good-Afternoon! =^^=
> 저녁에 만나면, Good-Evening! ^o^
> 내일 또 만나요, Good-Bye!! *^^*

04 내가 만든 문서를 저장해요

편집이 끝난 문서는 컴퓨터에 저장해야 다시 사용할 수 있어요. 문서 파일을 저장하는 방법을 알아보아요.

1. 문서를 저장하려면 [파일] 탭-[저장하기]를 클릭해요. [서식] 도구 상자의 [저장하기] 아이콘을 클릭해도 돼요.

2. [다른 이름으로 저장하기] 대화상자가 표시되면 저장하려는 위치를 '바탕 화면'으로 선택해요.

3. [파일 이름]에는 '인사해요'를 입력하고 [저장] 단추를 클릭해요.

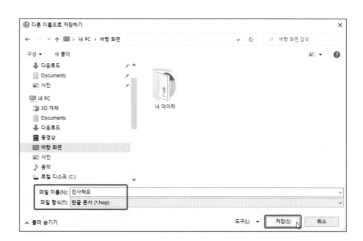

 05 저장한 문서를 다시 불러와요

컴퓨터에 저장된 문서는 어떻게 불러올 수 있을까요? 저장된 문서를 여는 방법을 알아보아요.

1. 한글 2016 프로그램을 다시 실행하고 [파일] 탭-[불러오기]를 클릭해요.

2. [불러오기] 대화상자의 [찾는 위치]를 문서가 저장된 '바탕 화면'으로 선택해요.

3. 저장된 파일이 표시되면 마우스로 클릭하여 선택하고 [열기] 단추를 클릭해요.

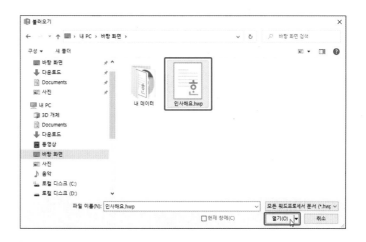

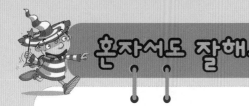

01 그림과 같이 문서를 만들고 '문제.hwp' 파일로 저장해 보세요.

📁 [예제파일] 새로 만들기

> 1. 화장실에 사는 두 마리 용은?
>
> 2. 아프지 않은데 매일 집에서 쓰는 약은?
>
> 3. 세상에서 가장 긴 음식은?
>
> 4. 아몬드가 죽으면?

02 파일을 불러온 후 그림과 같이 수정하고 '퀴즈.hwp' 파일로 저장해 보세요.

📁 [예제파일] 문제.hwp

> 1. 화장실에 사는 두 마리 용은?
>   [정답] 신사용, 숙녀용
> 2. 아프지 않은데 매일 집에서 쓰는 약은?
>   [정답] 치약
> 3. 세상에서 가장 긴 음식은?
>   [정답] 참기름
> 4. 아몬드가 죽으면?
>   [정답] 다이아몬드

02강 한자와 기호 입력하기

이렇게 배워요!

● 한자를 입력하는 방법을 알아보아요.
● 여러 가지 모양 기호를 입력하는 방법을 알아보아요.

 01 한자를 입력해요

한글로 입력한 글자를 한자로 바꿀 수 있어요. 문서에 한자를 입력해 보아요.

📁 [예제파일] 새로 만들기

➊ 새 문서를 만들고 그림과 같이 애국가 1절 내용을 입력해요.

> 동해물과 백두산이 마르고 닳도록
> 하느님이 보우하사 우리나라 만세
> 무궁화 삼천리 화려강산
> 대한사람 대한으로 길이 보전하세

❷ 한자로 바꿀 부분을 마우스로 드래그하여 블록을 설정한 후 [한자]를 눌러요. [한자로 바꾸기] 대화상자가 표시되면 바꾸려는 한자를 선택한 후 [바꾸기] 단추를 클릭해요.

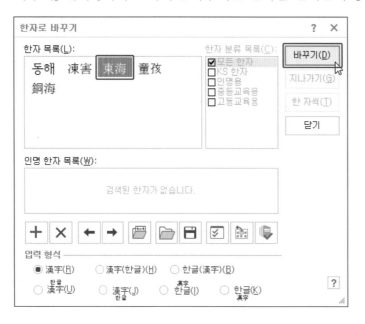

❸ 같은 방법을 이용하여 나머지 부분도 그림과 같이 한자로 바꿔요. [F9]를 눌러도 한자로 바꿀 수 있어요.

東海물과 白頭山이 마르고 닳도록
하느님이 保佑하사 우리나라 萬歲
無窮花 三千里 華麗江山
大韓사람 大韓으로 길이 保全하세

❹ 선택한 부분에 맞는 한자가 표시되지 않을 때는 한글자씩 선택해서 바꿔야 해요.

❺ [한자로 바꾸기] 대화상자의 [자전 보이기] 아이콘을 클릭하면 선택한 한자의 뜻을 알려줘요. 선택한 단어의 뜻이 어떤 것인지 살펴 보아요.

02 재미있는 기호를 입력해요

기호를 이용하면 문서를 예쁘게 꾸밀 수 있어요. 키보드에 없는 기호들은 어떻게 입력하는지 알아보아요.

📁 [예제파일] 일기예보.hwp

① 파일을 불러온 후 '월요일' 날씨에 해당하는 빈 칸으로 커서를 이동하고 [입력] 탭-[문자표]의 화살표를 클릭한 후 [문자표]를 클릭해요.

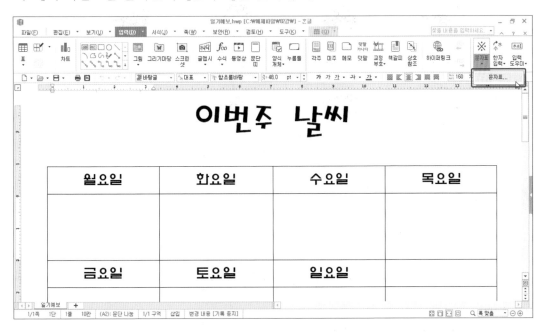

② [문자표 입력] 대화상자가 표시되면 [유니코드 문자표] 탭의 [문자 영역]에서 '여러 가지 기호'를 선택해요. 오른쪽에 다양한 기호들이 표시되면 해 모양(☀)을 선택하고 [넣기] 단추를 클릭해요.

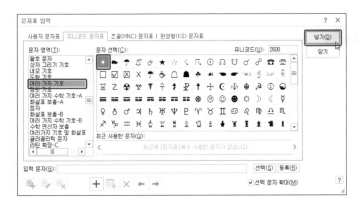

❸ 선택한 기호가 입력되면 같은 방법을 이용하여 그림과 같이 각 요일별 날씨에 맞는 기호를 입력해요.

이번주 날씨

월요일	화요일	수요일	목요일
☀	🌊	☂	🌊
금요일	**토요일**	**일요일**	
⛄	🌊	☀	

❹ 다양한 기호를 삽입하여 문서를 예쁘게 꾸밀 수 있어요. 다른 부분에도 재미있는 모양의 기호를 넣어서 완성해 보세요.

☆이번주 날씨☆

♥월요일	☞화요일	★수요일	☺목요일
☀	🌊	☂	🌊
✆금요일	**☕토요일**	**♥일요일**	
⛄	🌊	☀	

01 불러온 문서 내용 중에서 한글을 한자로 바꾸고 자전에서 뜻을 찾아 입력하세요.

📁 [예제파일] 사자성어.hwp

재미있는 사자성어

애지중지(愛之重之)   매우 사랑하고 귀중히 여김

이구동성(異口同聲)   여러 사람의 말이 한결같음

형설지공(螢雪之功)   고생을 하면서 꾸준히 공부하여 얻은 보람

학수고대(鶴首苦待)   몹시 애타게 기다림

박학다식(博學多識)   학식이 넓고 아는 것이 많음

온고지신(溫故知新)   옛것을 익히고 미루어 새것을 앎

02 여러 가지 기호를 이용하여 그림과 같이 문서를 꾸며 보세요.

📁 [예제파일] 주사위수학.hwp

주사위로 계산해요!

⚀ + ⚁ = ⚂

⚃ − ⚀ = ⚂

⚂ + ⚁ = ⚄

⚅ − ⚁ = ⚃

⚁ + ⚀ = ⚂

글자 모양 꾸미기

이렇게 배워요!

● 글자 모양을 바꾸는 방법을 알아보아요.

● 글자에 다양한 모양을 적용하는 방법을 알아보아요

01 멋있는 글자 모양으로 꾸며요

글자의 모양을 바꿔 보고, 다양한 글자 색과 크기, 모양으로 꾸미는 방법을 알아보아요.

📁 [예제파일] 무지개.hwp

① 파일을 불러온 후 글자 모양을 바꾸기 위해 첫 번째 줄을 마우스로 드래그하여 블록으로 선택해요.

② [서식] 도구 상자에서 [글꼴]은 '휴먼엑스포', [글자 크기]는 '20pt', [글자 색]은 '빨강'을 선택해요.

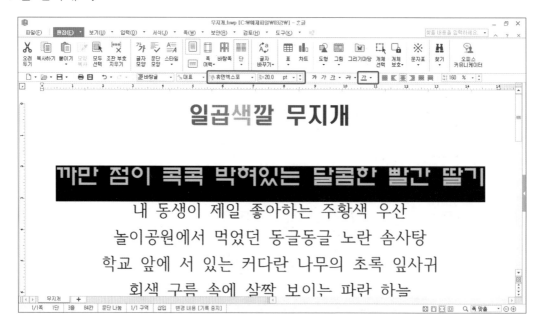

③ 같은 방법을 이용해서 다른 줄의 글꼴과 글자 크기, 글자 색을 그림과 같이 바꿔 보세요.

일곱색깔 무지개

까만 점이 콕콕 박혀있는 달콤한 빨간 딸기

내 동생이 제일 좋아하는 주황색 우산

놀이공원에서 먹었던 동글동글 노란 솜사탕

학교 앞에 서 있는 커다란 나무의 초록 잎사귀

회색 구름 속에 살짝 보이는 파란 하늘

친구들과 놀러갈 때 입는 예쁜 남색 청바지

담장 밑에 활짝 피어있는 보라색 나팔꽃

조건

- 두 번째 줄 : 글꼴(휴먼모음T), 글자 크기(15pt), 글자 색(주황)
- 세 번째 줄 : 글꼴(궁서), 글자 크기(14pt), 글자 색(노랑 10% 어둡게)
- 네 번째 줄 : 글꼴(휴먼매직체), 글자 크기(15pt), 글자 색(초록)
- 다섯 번째 줄 : 글꼴(복숭아), 글자 크기(15pt), 글자 색(파랑)
- 여섯 번째 줄 : 글꼴(휴먼중간팸체), 글자 크기(16pt), 글자 색(남색)
- 일곱 번째 줄 : 글꼴(HY울릉도M), 글자 크기(18pt), 글자 색(보라)

④ [서식] 도구 상자에서 진하게, 기울임, 밑줄 등의 효과를 선택할 수 있어요. 그림과 같은 모양이 되도록 글자 모양을 바꿔 완성해 보세요.

일곱색깔 무지개

까만 점이 콕콕 박혀있는 달콤한 빨간 딸기

내 동생이 제일 좋아하는 주황색 우산

놀이공원에서 먹었던 동글동글 노란 솜사탕

학교 앞에 서 있는 커다란 나무의 초록 잎사귀

회색 구름 속에 살짝 보이는 파란 하늘

친구들과 놀러갈 때 입는 예쁜 남색 청바지

담장 밑에 활짝 피어있는 보라색 나팔꽃

더 많은 글자 모양으로 꾸며요

[글자 모양] 대화상자를 이용하여 더 많은 글자 모양으로 꾸미는 방법을 알아보아요.

1 첫 번째 줄을 블록 설정하고 [서식] 메뉴-[글자 모양]을 클릭해요.

2 [글자 모양] 대화상자가 표시되면 그림과 같이 선택해요. 아래의 [미리 보기] 창에 선택한 글자 모양을 보여주면 [설정] 단추를 클릭해요.

3 글자 뒤에 색을 넣기 위해 두 번째 줄을 블록 설정하고 [글자 모양] 대화상자에서 그림과 같이 선택하고 [설정] 단추를 크릭해요.

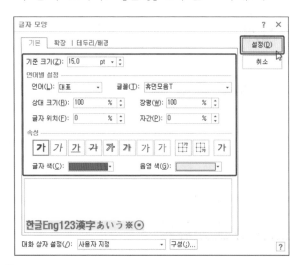

④ 글자에 그림자 효과를 적용하기 위해 세 번째 줄을 블록 설정하고 [글자 모양] 대화상
자의 [확장] 탭에서 그림과 같이 선택하고 [설정] 단추를 클릭해요.

⑤ 같은 방법을 이용하여 나머지 부분에도 여러 가지 글자 모양을 설정해 완성해요.

일곱색깔 무지개

까만 점이 콕콕 박혀있는 달콤한 빨간 딸기

내 동생이 제일 좋아하는 주황색 우산

놀이공원에서 먹었던 둥글둥글 노란 솜사탕

학교 앞에 서 있는 커다란 나무의 초록 잎사귀

회색 구름 속에 살짝 보이는 파란 하늘

친구들과 놀러갈 때 입는 예쁜 남색 청바지

담장 밑에 활짝 피어있는 보라색 나팔꽃

01 파일을 불러온 후 조건에 맞게 글자 모양을 설정해 보세요.

📂 [예제파일] 사계.hwp

봄, 여름, 가을, 겨울

봄의 들판에 피어있는 알록달록 아름다운 꽃.

여름의 뜨거운 햇볕을 피해 시원한 물 속으로 풍덩!

가을이 되면 나뭇잎이 예쁜 옷으로 갈아 입어요.

<u>겨울에는 하늘에서 솜처럼 포근한 눈이 내려요.</u>

조건
- 첫 번째 줄 : 글꼴(HY울릉도B), 크기(20pt), 글자 색(보라)
- 두 번째 줄 : 글꼴(휴먼모음T), 크기(15pt), 글자 색(주황 20% 밝게)
- 세 번째 줄 : 글꼴(HY강B), 크기(15pt), 글자 색(파랑 40% 밝게), 기울임
- 네 번째 줄 : 글꼴(휴먼편지체), 크기(15pt), 글자 색(초록 10% 어둡게), 진하게
- 다섯 번째 줄 : 글꼴(휴먼굵은샘체), 크기(20pt), 글자 색(빨강 10% 어둡게), 밑줄

02 파일을 불러온 후 [글자 모양] 대화상자에서 조건에 맞게 서식을 설정해 보세요.

📂 [예제파일] 인사말.hwp

세계의 인사말

중국에서는 만나서 반갑다고 '닌하오!'

일본에서는 헤어질 때 '사요나라'

영국에서는 고마울 때 '땡큐!'

프랑스에서는 이렇게 인사해요. '봉주흐'

조건
- 첫 번째 줄 : 그림자(검은 군청 80% 밝게), 연속
- 두 번째 줄 : 강조점(원모양)
- 세 번째 줄 : 밑줄(점선)
- 네 번째 줄 : 기울임, 음영(노랑)
- 다섯 번째 줄 : 그림자(연속), 외곽선(실선)

04강 글자 복사하고 붙이기

이렇게 배워요!

● 글자를 복사하고 이동하는 방법을 알아보아요.

● 글자 모양을 복사하는 방법을 알아보아요.

01 글자 복사하기

같은 글자를 반복하여 입력할 때 복사를 하면 문서를 빠르게 만들 수 있어요. 글자를 복사하고 붙이는 방법을 알아보아요.

📂 [예제파일] 나비야.hwp

① 파일을 불러온 후 '나비야' 부분을 마우스로 드래그하여 선택한 후 [편집] 탭의 [복사하기]를 클릭해요.

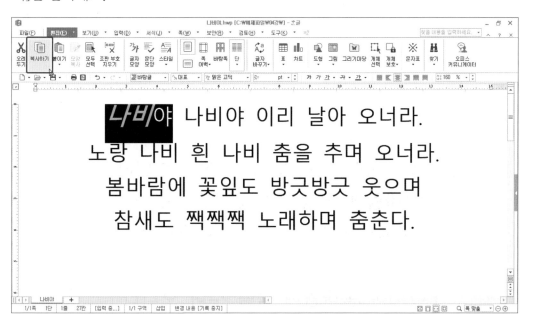

❷ 글자를 복사하려는 부분으로 커서를 이동한 후 [편집] 탭의 [붙이기]를 클릭해요.

❸ 그림과 같이 블록 선택한 부분의 글자들이 복사된 것을 확인할 수 있어요.

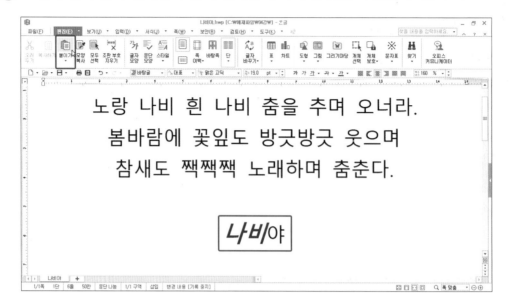

❹ 복사할 때는 Ctrl+C, 붙일 때는 Ctrl+V를 눌러도 같은 작업을 할 수 있어요.

❺ 복사 기능을 이용하여 그림과 같이 내용을 복사해 보세요.

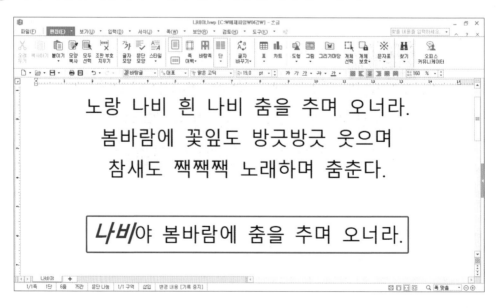

02 글자 이동하기

입력한 글자를 다른 곳으로 옮기려면 어떻게 해야 할까요? 글자를 이동시키는 방법을 알아보아요.

1️⃣ 글자를 이동하기 위해 두 번째 줄을 마우스로 드래그하여 선택한 후 [편집] 탭의 [오려 두기]를 클릭해요.

2️⃣ 선택한 부분이 사라지면 글자를 이동하려는 부분으로 커서를 이동한 후 [편집] 탭의 [붙이기]를 클릭해요.

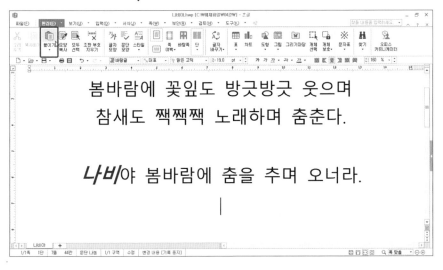

3️⃣ 그림과 같이 선택한 글자들이 이동한 것을 확인할 수 있어요.

4️⃣ 오려둘 때는 Ctrl + X , 붙일 때는 Ctrl + V 를 눌러도 같은 작업을 할 수 있어요.

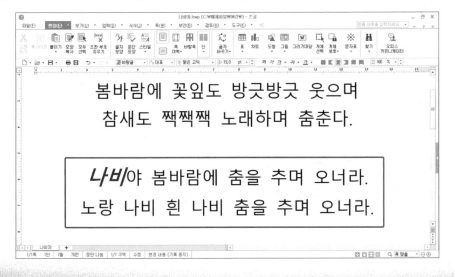

03 글자 모양 복사하기

글자 모양을 반복하여 설정할 때 글자 모양을 복사하면 빠르게 문서를 만들 수 있어요.

1 글자 모양을 복사하려는 '나비' 단어로 커서를 이동한 후 [편집] 탭의 [모양 복사]를 클릭해요.

2 [모양 복사] 대화상자가 표시되면 [본문 모양 복사]에서 '글자 모양'을 선택하고 [복사] 단추를 클릭해요.

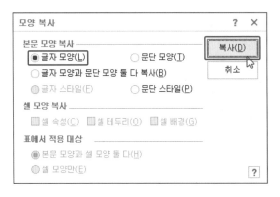

3 모양을 복사하려는 부분을 블록 설정한 후 [편집] 탭의 [모양 복사]를 클릭해요. 선택한 부분에 복사한 글자 모양이 적용돼요.

4 같은 방법을 이용하여 다른 부분에도 글자 모양을 복사해서 그림과 같이 완성해요.

> *나비*야 *나비*야 이리 날아 오너라.
>
> *봄바람*에 *꽃잎*도 방긋방긋 웃으며
> *참새*도 *짹짹짹* 노래하며 춤춘다.
>
> *나비*야 *봄바람*에 춤을 추며 오너라.
> 노랑 *나비* 흰 *나비* 춤을 추며 오너라.

01 파일을 불러온 후 복사하기와 오려두기 기능을 이용하여 그림과 같이 만들어 보세요.

📁 [예제파일] 꼬마눈사람.hwp

한겨울에 밀짚모자 꼬마 눈사람
눈썹이 우습구나 코도 삐뚤고
거울을 보여줄까 꼬마 눈사람

하루종일 우두커니 꼬마 눈사람
무엇을 생각하고 혼자 섰느냐
집으로 들여갈까 꼬마 눈사람

02 파일을 불러온 후 모양 복사 기능을 이용하여 그림과 같이 만들어 보세요.

📁 [예제파일] 모양복사.hwp

하나하면 **할머니**가 **지팡이**를 짚는다고 *찰찰찰*
두울하면 **두부장수** 두부를 판다고 *찰찰찰*
세엣하면 **새색시**가 거울을 본다고 *찰찰찰*
네엣하면 **냇가**에서 **빨래**를 한다고 *찰찰찰*
다섯하면 **다람쥐**가 도토리를 줍는다고 *찰찰찰*
여섯하면 **여학생**이 공부를 한다고 *찰찰찰*
일곱하면 **일꾼**들이 나무를 벤다고 *찰찰찰*
여덟하면 **엿장수**가 호박엿을 판다고 *찰찰찰*
아홉하면 **아버지**가 신문을 본다고 *찰찰찰*
여열하면 **열무장수** 열무가 왔다고 *찰찰찰*

05강 문단 모양 바꾸기

이렇게 배워요!

● 문단의 모양을 설정하는 방법을 알아보아요.
● 문단 테두리와 배경을 설정하는 방법을 알아보아요.

01 문단 모양을 바꿔요

문단의 위치를 정렬하고, 줄 간격과 여백을 설정하는 방법을 알아보아요.

📁 [예제파일] 마라톤.hwp

① 파일을 불러온 후 첫 번째 문단을 드래그하여 블록으로 설정해요. [서식] 도구 상자의 '가운데 정렬'을 클릭하면 문단이 문서 가운데를 중심으로 정렬돼요.

② 같은 방법을 이용하여 두 번째 문단은 '오른쪽 정렬'을 해 보세요.

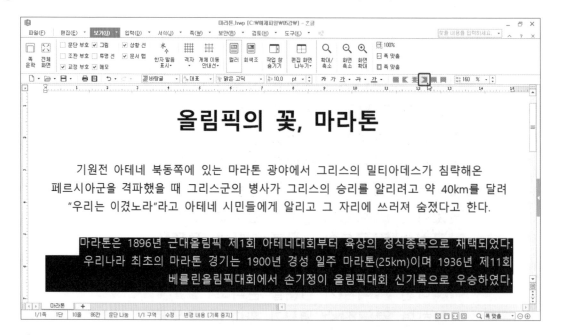

❸ 문단의 줄 간격을 바꾸기 위해 첫 번째 문단을 블록 설정하고 [서식] 도구 상자의 [줄 간격]을 '200%'로 설정해요. 각 줄의 간격이 벌어진 것을 확인할 수 있어요.

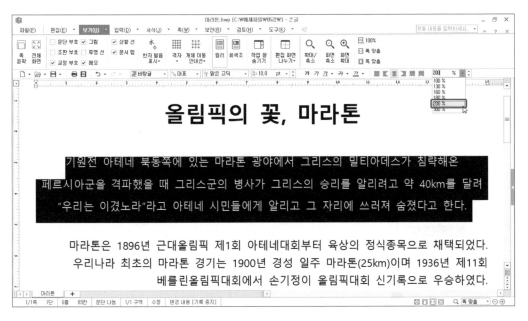

❹ 문단의 여백을 설정하기 위해 두 번째 문단을 블록 설정하고 [서식] 메뉴-[문단 모양]을 클릭해요.

❺ [문단 모양] 대화상자의 [여백]에서 [오른쪽]을 '15pt'로 바꾸고 [설정] 단추를 클릭해요. 선택한 문단의 오른쪽에 여백이 생긴 것을 확인할 수 있어요.

02 문단 테두리와 배경을 설정해요

문단에 테두리나 배경을 설정하면 눈에 잘 보이도록 강조할 수 있어요.

① 모든 문단을 블록 설정한 후 [문단 모양] 대화상자의 [테두리/배경] 탭을 선택해요.
[테두리]의 [종류]는 '원형 점선', [굵기]는 '0.5mm', [색]은 '빨강'을 선택해요.

② [미리 보기]의 '모두'를 클릭하면 선택한 테두리 모양을 확인할 수 있어요.

③ 문단 배경을 설정하기 위해 [배경]의 [면 색]은 '주황 90% 밝게'를 선택해요. [미
리 보기]에 선택한 색이 표시되면 [설정] 단추를 클릭해요.

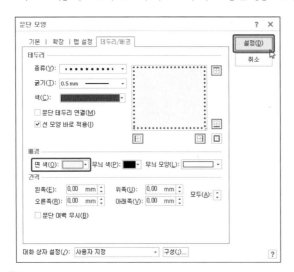

④ 선택한 문단에 테두리와 배경이 설정돼요. 각 문단마다 적용된 테두리 모양을 하나로 만들기 위해 다시 모든 문단을 블록으로 설정해요.

⑤ [문단 모양] 대화상자의 [테두리/배경] 탭에서 [테두리]의 '문단 테두리 연결'을 선택하고 [설정] 단추를 클릭해요.

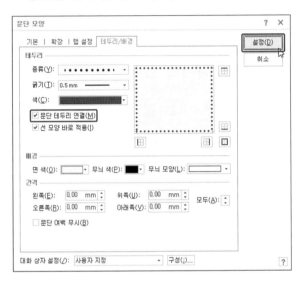

⑥ 그림과 같이 모든 문단이 하나의 테두리와 배경으로 설정된 것을 확인할 수 있어요.

올림픽의 꽃, 마라톤

기원전 아테네 북동쪽에 있는 마라톤 광야에서 그리스의 밀티아데스가 침략해온 페르시아군을 격파했을 때 그리스군의 병사가 그리스의 승리를 알리려고 약 40km를 달려 "우리는 이겼노라"라고 아테네 시민들에게 알리고 그 자리에 쓰러져 숨졌다고 한다.

마라톤은 1896년 근대올림픽 제1회 아테네대회부터 육상의 정식종목으로 채택되었다. 우리나라 최초의 마라톤 경기는 1900년 경성 일주 마라톤(25km)이며 1936년 제11회 베를린올림픽대회에서 손기정이 올림픽대회 신기록으로 우승하였다.

01 문단 정렬과 여백을 설정하여 그림과 같이 만들어 보세요.

📁 [예제파일] 친구소개.hwp

나를 소개해요!

저는 가수가 되고 싶은 멋쟁이 예리예요!
아빠 엄마와 할머니, 그리고 오빠와 같이 살고 있어요.

태권도를 오랫동안 배워서 운동도 잘해요!
달리기를 하면 항상 일등을 놓치지 않았어요.

그림도 잘 그리고 피아노 같은 악기 연주도 잘한답니다.
다른 친구들보다 키가 조금 작지만 열심히 운동하면 쑥쑥
더 자랄꺼예요!

02 문단에 테두리와 배경을 적용하여 그림과 같이 만들어 보세요.

📁 [예제파일] 남극동물.hwp

남극의 동물

남극 대륙의 내부는 눈과 얼음에 덮여 있어요. 남극지역에 서식하는 동물로
는 널리 알려진 펭귄, 고래 외에 바다표범, 물개, 조류 등이 있어요.

남극의 동물들은 남극해와 그 연안의 노암지대를 서식처로 삼고 있어요.

펭귄은 아델리펭귄과 코티펭귄의 2종류가 있고, 그 밖의 조류로는 스노피전
바다제비, 갈매기 등 10여 종류가 연안지역에 살고 있어요.

30

06강 도형 삽입하기

이렇게 배워요!

● 문서에 도형을 삽입하는 방법을 알아보아요.
● 도형의 서식을 설정하는 방법을 알아보아요.

01 도형을 삽입해요

문서에 도형을 삽입하고 크기와 위치를 조절하고 회전시키는 방법을 알아보아요.

📂 [예제파일] 행사계획.hwp

① 파일을 불러온 후 도형을 삽입하기 위해 [입력] 탭의 [자세히]에서 '직사각형'을 선택해요.

② 마우스 포인터 모양이 바뀌면 마우스로 드래그하여 그림과 같은 위치에 사각형을 그려요.

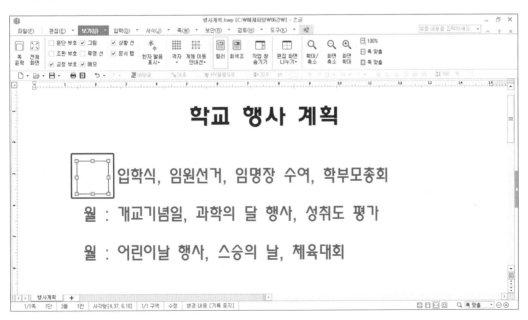

❸ 도형 바깥 부분에 표시된 조절점을 드래그하여 크기를 조절하고 그림과 같은 위치로 이동시켜요.

❹ 도형 안에 글자를 입력하기 위해 [도형] 탭의 [글자 넣기]를 클릭해요.

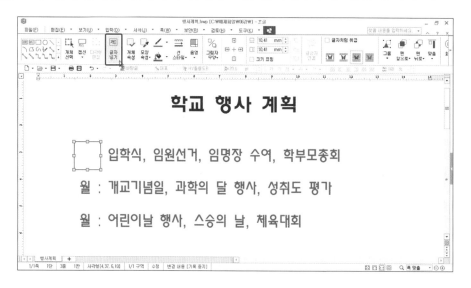

❺ 도형 안에 커서가 표시되면 '3'을 입력하고 [글꼴]은 '맑은 고딕', [크기]는 '16pt', '가운데 정렬'을 설정해요.

❻ 도형을 회전시키기 위해 [도형] 탭의 [회전]에서 [개체 회전]을 클릭해요. 도형 테두리에 녹색 점이 표시되면 마우스로 드래그하여 그림과 같이 회전시켜요.

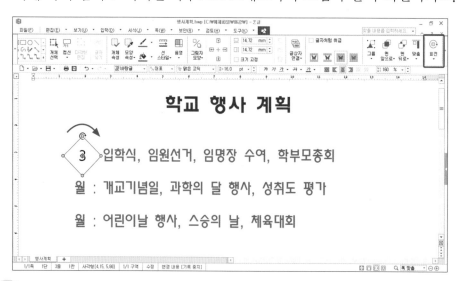

02 도형 스타일을 적용해요

삽입한 도형에 다양한 스타일을 적용하는 방법을 알아보아요.

① 도형을 선택하고 [도형] 탭에서 [선 색]은 '빨강', [채우기]는 '노랑', [선 종류]는 '원형 점선', [선 굵기]는 '0.5mm'로 설정해요.

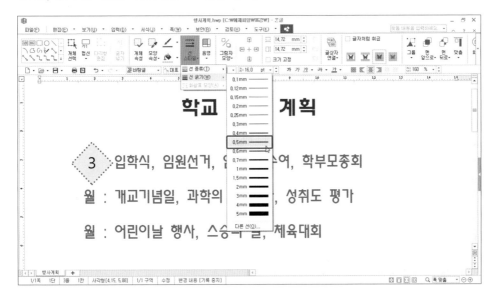

② [도형] 탭의 [그림자 모양]에서 '오른쪽 아래'를 선택하고, [그림자 색]은 '주황'으로 설정해요.

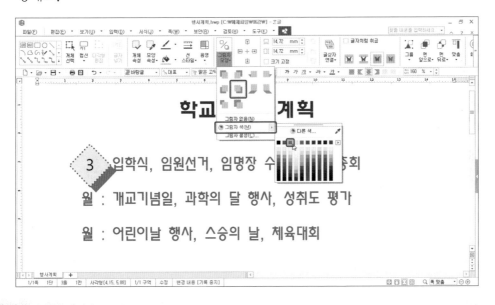

❸ 도형에 글자가 가려지지 않도록 [도형] 탭의 [어울림]을 선택해요.

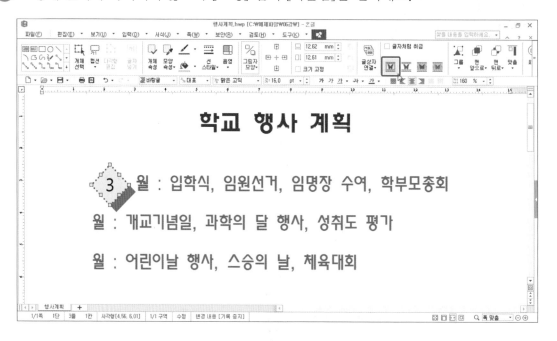

❹ 서식이 적용된 도형을 다른 부분에 복사하기 위해 Ctrl 을 누른 상태에서 드래그해요.

❺ 도형이 복사되면 그림과 같이 내용과 서식을 바꿔 문서를 완성해요.

학교 행사 계획

3 월 : 입학식, 임원선거, 임명장 수여, 학부모총회

4 월 : 개교기념일, 과학의 달 행사, 성취도 평가

5 월 : 어린이날 행사, 스승의 날, 체육대회

혼자서도 잘해요!

01 도형을 이용하여 그림과 같이 만들어 보세요..

📁 [예제파일] 유럽의 국기.hwp

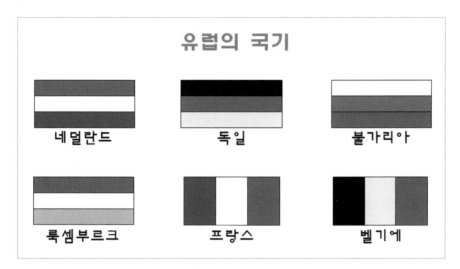

02 '꺾인 연결선'을 이용하여 도형들을 그림과 같이 연결하고 선의 서식을 바꿔 보세요.

📁 [예제파일] 모임장소.hwp

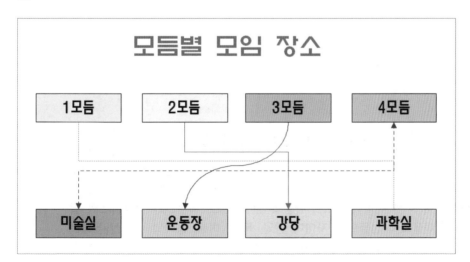

07강 글상자로 꾸미기

이렇게 배워요!

● 글상자를 삽입하는 방법을 알아보아요.
● 글상자의 서식에 대해 알아보아요.

 문서에 글상자를 삽입해요

글상자를 이용하면 원하는 부분에 표 모양의 글을 쉽게 넣을 수 있어요. 글상자를 삽입하는 방법을 알아보아요.

📁 [예제파일] 올림푸스.hwp

① 파일을 불러온 후 글상자를 삽입하기 위해 [입력] 탭의 [자세히]에서 '가로 글상자'를 선택해요.

② 마우스 포인터 모양이 바뀌면 드래그하여 원하는 위치에 글상자를 삽입해요.

③ 글상자가 삽입되고 커서가 깜빡이면 '신들의 나라, 올림푸스'를 입력해요. 글꼴은 'HY 수평선M', 크기는 '20pt', '가운데 정렬'을 설정해요.

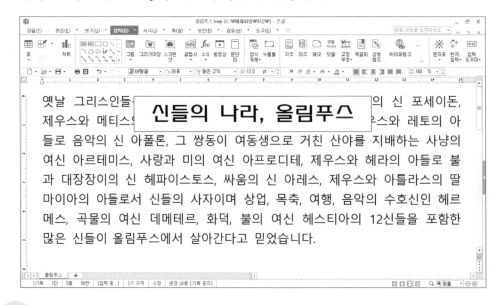

④ 글상자를 선택한 후 [도형] 탭에서 [채우기]는 '노랑', [선 종류]는 '점선', [선 굵기]는 '0.5mm'를 지정해요.

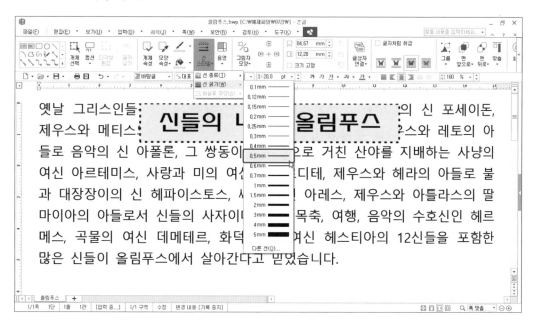

⑤ 글상자가 글자를 가리지 않도록 [도형] 탭의 '자리 차지'를 클릭해요.

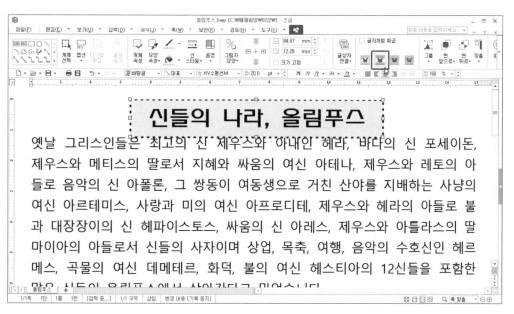

02 글상자를 꾸며요

글상자의 여백과 색, 선 등 속성을 변경하는 방법을 알아보아요.

❶ 글상자를 더블 클릭하면 [개체 속성] 대화상자가 표시돼요.

❷ 글상자 위와 아래에 여백을 주기 위해 [여백/캡션] 탭에서 [바깥 여백]의 [위쪽]과 [아래쪽]을 각각 '10mm'로 설정해요.

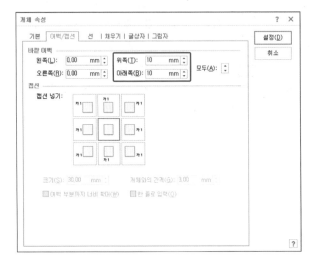

❸ [선] 탭의 [사각형 모서리 곡률]에서 '둥근 모양'을 선택해요. 글상자의 모서리가 둥글게 바뀌어요.

④ [채우기] 탭의 [채우기]를 '그러데이션'으로 선택해요. [유형] 목록에서 '열광'을 선택하면 글상자의 채우기 색이 바뀌어요.

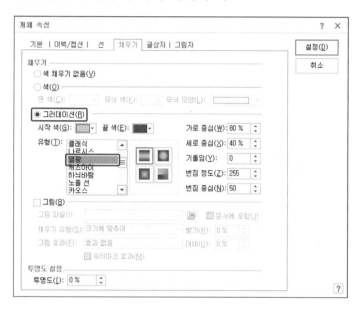

⑤ [그림자] 탭의 [종류]에서 '오른쪽 아래'를 선택해요. [설정] 단추를 클릭하면 글상자의 모양과 색, 그림자가 설정된 것을 확인할 수 있어요.

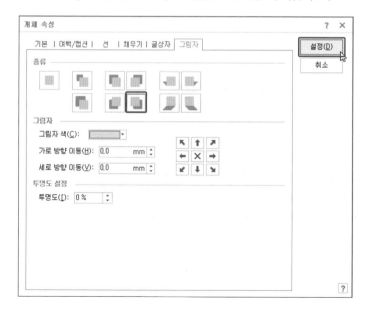

01 그림과 같이 글상자를 삽입하고 조건에 맞게 설정해 보세요.

📁 [예제파일] 요술붓.hwp

신기한 요술붓

그림을 잘 그리는 마량이는 너무나 가난해서 붓조차 살 수 없어 붓을 가지는 것이 소원이었습니다. 나뭇가지나 돌멩이로 그림을 그렸지만 너무나 잘 그려서 그림 위에 나비가 날아오기도 했습니다. 어느 날 꿈에서 신령님이 준 신기한 요술 붓으로 그림을 그리면 그림이 진짜가 되는 것이었습니다! 이 붓으로 착한 마량은 동네사람들이 필요한 것을 그려서 나누어 주었습니다.

어느 날 욕심많은 임금님이 마량에게 황금을 그리라고 명하자 마량은 황금성과 그 섬에 갈 수 있도록 배를 그립니다. 배가 잘 나아갈 수 있도록 바람을 그립니다. 빨리 황금섬에 가고 싶은 임금님은 바람을 더욱 세게 그릴 것을 명했습니다. 마량은 바람을 더 세게 그리고 결국 임금님이 탄 배는 뒤집혀지고 맙니다. 마량은 그 후 계속 어려운 사람들에게 필요한 물

 조건
- 글자 모양 : 글꼴(맑은 고딕), 글자 크기(20pt), 진하게
- 스타일 : 채우기(그러데이션 : 사막의 빛), 선(사각형 모서리 곡률 : 둥근 모양)
- 속성 : 본문과의 배치(어울림), 바깥 여백(왼쪽, 오른쪽, 위쪽, 아래쪽 : 5mm)

02 그림과 같이 '세로 글상자'를 삽입하고 조건에 맞게 설정해 보세요.

📁 [예제파일] 마라톤.hwp

 마라톤

기원전 아테네 북동쪽에 있는 마라톤 광야에서 그리스의 밀티아데스가 침략해온 페르시아군을 격파했을 때 그리스군의 병사가 그리스의 승리를 알리려고 약 40km를 달려 "우리는 이겼노라"라고 아테네 시민들에게 알리고 그 자리에 쓰러져 숨졌다고 한다. 마라톤은 1896년 근대올림픽 제1회 아테네대회부터 육상의 정식종목으로 채택되었다.

 조건
- 글자 모양 : 글꼴(휴먼엑스포), 글자 크기(32pt), 글자 색(하양)
- 스타일 : 채우기(그러데이션 : 클래식), 선(사각형 모서리 곡률 : 반원)
- 속성 : 본문과의 배치(어울림), 바깥 여백(오른쪽 : 5mm)

08강 그리기마당으로 만들기

이렇게 배워요!

● 문서에 그리기마당을 가져오는 방법을 알아보아요.
● 그룹을 해제하고 서식을 바꾸는 방법을 알아보아요.

01 그리기마당을 가져와요

그리기마당을 이용하여 문서에 알맞은 내용의 그림을 삽입할 수 있어요. 그리기마당을 가져오는 방법을 알아보아요.

📁 [예제파일] 전래동화.hwp

1 파일을 불러온 후 그리기마당을 삽입하기 위해 [입력] 탭에서 [그리기마당]을 클릭해요.

2 [그리기마당] 대화상자의 [그리기 조각] 탭에서 [선택할 꾸러미]는 '전통(전래동화)', [개체 목록]에서 '해님달님'을 선택하고 [넣기] 단추를 클릭해요.

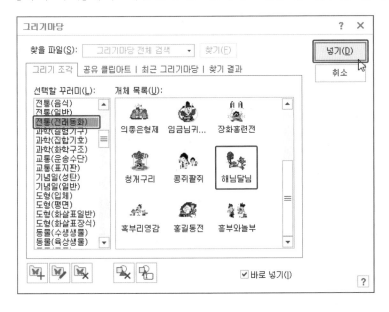

❸ 마우스를 드래그하면 선택한 그리기마당이 삽입돼요. 마우스를 드래그하여 크기를 조절하거나 위치를 이동할 수 있어요.

❹ 같은 방법을 이용하여 그림과 같이 나머지 빈 공간에도 그리기마당을 가져와요.

02 내가 원하는 대로 꾸미기

그리기마당의 이미지 중에서 필요한 부분만 남기거나 색을 바꾸는 방법을 알아보아요.

① 문서에 삽입한 '별주부전' 그리기마당을 선택해요. 구름 모양을 지우기 위해 먼저 [도형] 탭의 [그룹]에서 [개체 풀기]를 클릭해요. 모든 개체가 해제될 때까지 여러 번 반복 해요.

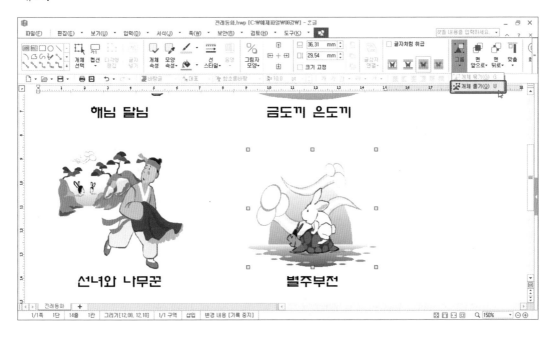

② 개체가 모두 해제되면 구름을 선택하고 Delete 를 눌러 그림과 같이 되도록 삭제해요.

③ 노란색 '해'의 색을 바꾸기 위해 더블 클릭하면 [개체 속성] 대화상자가 표시돼요.

④ [개체 속성] 대화상자의 [채우기] 탭에서 [그러데이션]의 [끝 색]을 '빨강'으로 바꾸고 [설정] 단추를 클릭해요.

⑤ 같은 방법을 이용하여 다른 그림들도 색을 바꾸어 완성해요.

01 파일을 불러온 후 내용에 알맞은 그리기마당을 가져와 완성해 보세요.

📁 [예제파일] 교통안내표시판.hwp

직진금지
차가 직진을 금지해야할 지점의 도로 우측에 설치

진입금지
차가 진입을 금지하는 구역 및 도로의 중앙 또는 우측에 설치

주정차금지
차의 정차 및 주차를 금지하는 구역에 설치

02 파일을 불러온 후 그리기마당을 가져와 완성해 보세요.

📁 [예제파일] 크리스마스트리.hwp

문서에 그림 가져오기

09강

이렇게 배워요!

● 컴퓨터에 저장된 그림을 가져오는 방법을 알아보아요.
● 인터넷의 그림을 가져오는 방법을 알아보아요.

01 컴퓨터에 저장된 그림 가져오기

컴퓨터에 저장된 그림을 문서에 가져오는 방법을 알아보아요.

[예제파일] 동물그림.hwp

① 컴퓨터에 저장되어 있는 그림을 가져오기 위해 [입력] 탭의 [그림]을 클릭해요.

② [그림 넣기] 대화상자가 표시되면 가져올 그림이 있는 위치에서 파일을 선택한 후 '문서에 포함', '글자처럼 취급'을 선택하고 [넣기] 단추를 클릭해요.

❸ 삽입된 그림을 선택한 후 조절점을 드래그하여 그림의 크기를 변경해요. [그림] 탭의 [자세히]를 클릭하고 '회색 아래쪽 그림자'를 선택해요.

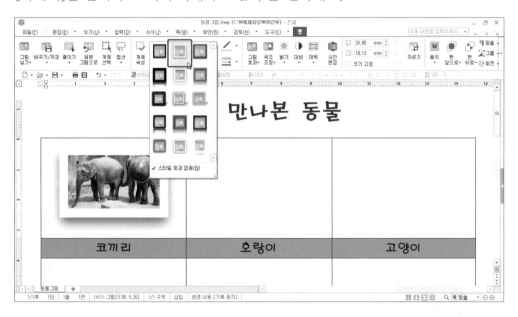

❹ 그림에 효과를 적용하기 위해 [그림] 탭의 [그림 효과]-[반사]에서 '1/2 크기, 근접'을 선택해요.

❺ 같은 방법을 이용하여 다른 그림들도 가져와 다양한 효과를 적용해 보세요.

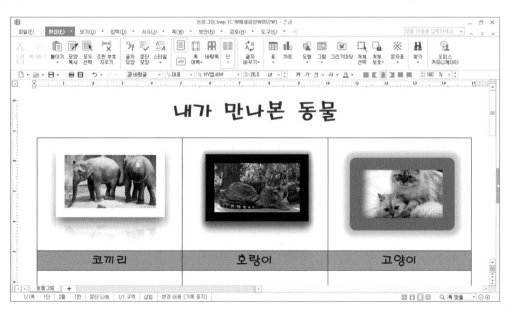

02 인터넷 그림 가져오기

인터넷의 그림은 어떻게 가져올 수 있을까요? 홈페이지의 사진이나 그림을 복사하는 방법을 알아보아요.

❶ 웹브라우저를 이용하여 '토끼'를 검색해요. 그림과 같이 복사하려는 사진위에서 마우스 오른쪽 버튼을 클릭하고 [이미지 복사]를 선택해요.

❷ 다시 문서로 돌아온 후 삽입할 위치를 선택한 후 [편집] 탭의 [붙이기]에서 [골라 붙이기]를 클릭해요.

❸ [골라 붙이기] 대화상자가 표시되면 [데이터 형식]을 '장치 독립 비트맵'으로 선택하고 [확인] 단추를 클릭해요.

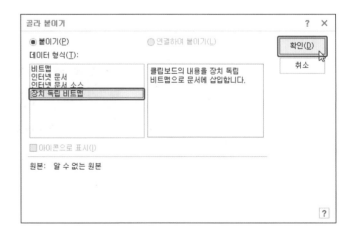

④ 인터넷에서 복사한 사진이 삽입되면 조절점을 드래그하여 원하는 크기로 조절해요.

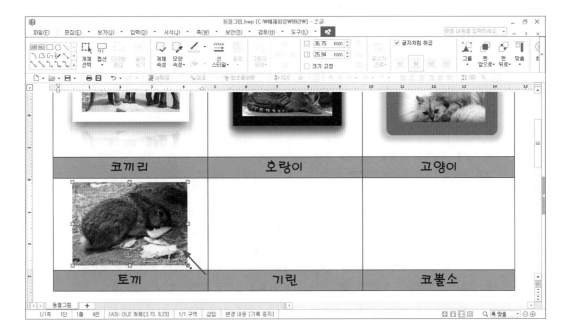

⑤ 같은 방법을 이용하여 인터넷에서 사진을 가져와 그림과 같이 문서를 완성해요.

01 컴퓨터에 저장된 그림을 가져와 그림과 같이 문서를 만들어 보세요.

📁 [예제파일] 거북이.hwp

> # 거북이 이야기
>
> 지구상에 서식하는 파충류 중 가장 오래 전부터 존재해온 동물 중 하나인 거북이는 가장 오래된 화석종으로는 중생대 트라이아스기 이후의 지층에서 발견되었다.
>
> 현재 지구상에 생존하는 거북이는 12과 240여 종이 알려졌으며 우리나라는 바다거북과의 바다거북, 장수거북과의 장수거북, 남생이과의 남생이, 자라과의 자라 등이 알려져 있다.
>
> 거북류는 특수한 피부와 등딱지 및 배딱지를 가지는 점에서 뱀이나 악어와 같은 다른 파충류와 구별된다. 대부분의 거북이는 강이나 바다 등의 물과 습지에 살면서 육지 생활도 한다.

02 인터넷에서 그림을 가져와 그림과 같이 문서를 만들어 보세요.

📁 [예제파일] 건축물.hwp

> # 세계의 대표적인 건축물
>
> |  |  |  |  |
> |---|---|---|---|
> | 에펠타워(프랑스) | 자유의 여신상(미국) | 피사의 사탑(이탈리아) | 피라미드(이집트) |

10강 글맵시로 제목 만들기

이렇게 배워요!

● 문서에 글맵시를 삽입하는 방법을 알아보아요.
● 글맵시의 모양과 속성을 바꾸는 방법을 알아보아요.

 글맵시를 삽입해요

글맵시는 미리 만들어진 디자인을 이용하여 문서의 제목 등을 만들 수 있어요. 글맵시를
삽입하는 방법을 알아보아요.

📁 [예제파일] 글맵시.hwp

❶ 파일을 불러온 후 글맵시를 삽입하기 위해 [입력] 탭의 [글맵시]를 클릭해요. 글맵시
목록이 표시되면 '채우기 – 자주색 그러데이션, 회색 그림자, 직사각형 모양'을 선택
해요.

❷ [글맵시 만들기] 대화상자가 표시되면 [내용]에 '자연을 보호해요'를 입력해요. [글꼴]
은 '휴먼둥근헤드라인'을 선택해요.

❸ [글맵시 모양]을 클릭하여 표시되는 목록에서 '물결 1'을 선택하고 [설정] 단추를 클릭해요.

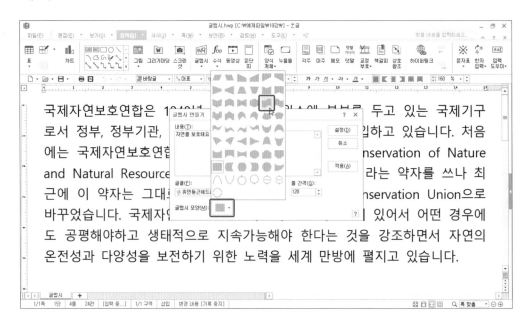

❹ 문서에 선택한 디자인의 글맵시가 삽입돼요. 글맵시 바깥의 조절점을 드래그하여 그림과 같은 위치와 크기로 바꿔요.

국제자연보호연합은 1948년 설립되어 스위스에 본부를 두고 있는 국제기구로서 정부, 정부기관, 비정부기구 등 다양한 회원을 가입하고 있습니다. 처음에는 국제자연보호연합 즉 International Union for Conservation of Nature and Natural Resources라는 이름으로 출발하여 IUCN이라는 약자를 쓰나 최근에 이 약자는 그대로 쓰면서 이름을 The World Conservation Union으로 바꾸었습니다. 국제자연보호연합은 자연자원을 이용함에 있어서 어떤 경우에도 공평해야하고 생태적으로 지속가능해야 한다는 것을 강조하면서 자연의 온전성과 다양성을 보전하기 위한

글맵시를 수정해요

문서에 삽입된 글맵시의 내용을 바꾸고 다른 스타일과 서식을 적용하는 방법을 알아보아요.

1 글맵시 스타일을 바꾸기 위해 [글맵시] 탭의 [자세히]를 클릭해요. 표시되는 목록에서 '채우기 – 남색, 연보라색 그림자, 아래로 계단식 모양'을 선택해요.

2 이전에 입력한 내용은 그대로 남아있고 글맵시 스타일만 바뀐 것을 확인할 수 있어요.

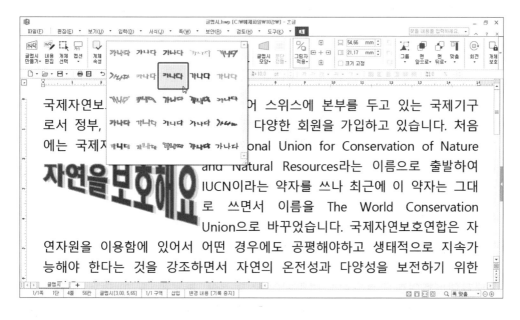

3 글맵시의 내용을 수정하기 위해 [글맵시] 탭의 [내용 편집]을 클릭해요.

4 [글맵시 고치기] 대화상자가 표시되면 [내용]을 그림과 같이 수정하고 [설정] 단추를 클릭해요.

❺ 글맵시 모양을 바꾸기 위해 [글맵시] 탭의 [글맵시 모양]을 클릭해요. 목록이 표시되면 '두 줄 원형'을 선택해요.

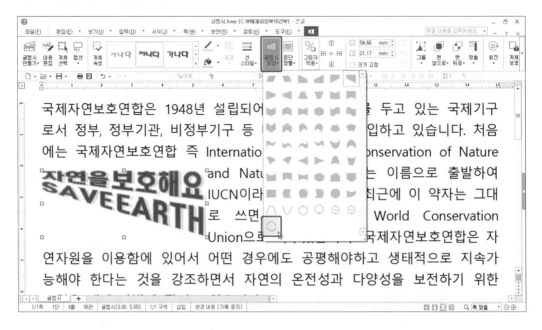

❻ 글맵시의 오른쪽과 아래쪽의 여백을 각각 '5mm'로 설정한 후 그림과 같이 크기와 위치를 조절하여 글자와 어울리게 만들어 완성해요.

국제자연보호연합은 1948년 설립되어 스위스에 본부를 두고 있는 국제기구로서 정부, 정부기관, 비정부기구 등 다양한 회원을 가입하고 있습니다. 처음에는 국제자연보호연합 즉 International Union for Conservation of Nature and Natural Resources라는 이름으로 출발하여 IUCN이라는 약자를 쓰나 최근에 이 약자는 그대로 쓰면서 이름을 The World Conservation Union으로 바꾸었습니다. 국제자연보호연합은 자연자원을 이용함에 있어서 어떤 경우에도 공평해야하고 생태적으로 지속가능해야 한다는 것을 강조하면서 자연의 온전성과 다양성을 보전하기 위한 노력을 세계 만방에 펼지고 있습니다.

01 다음 조건에 맞게 글맵시와 그리기 마당을 이용하여 만들어 보세요.

📁 [예제파일] 봄이오면.hwp

봄이 오면 산에 들에 진달래 피네
진달래 피는 곳에 내 마음도 피어
건너마을 젊은 처자 꽃 따러 오거든
꽃만 말고 이 마음도 함께 따가주

봄이 오면 하늘 위에 종달새 우네
종달새 우는 곳에 내마음도 울어
나물 캐는 아가씨야 저 소리 듣거든
새만 말고 이 소리도 함께 들어주

 조건
- 글맵시 : 글꼴(양재둘기체M), 채우기 색(보라), 그림자 색(보라 40% 밝게)
- 클립아트 : 한글무늬

02 문서에 삽입된 글맵시를 그림과 같은 모양이 되도록 수정해 보세요.

📁 [예제파일] 자연보호.hwp

 국제자연보호연합은 1948년 설립되어 스위스에 본부를
두고 있는 국제기구로서 정부, 정부기관, 비정부기구 등
다양한 회원을 가입하고 있습니다. 처음에는 국제자연보호연합 즉
International Union for Conservation of Nature and Natural Resources라는
이름으로 출발하여 IUCN이라는 약자를 쓰나 최근에 이 약자는 그대로 쓰면
서 이름을 The World Conservation Union으로 바꾸었습니다. 국제자연보호
연합은 자연자원을 이용함에 있어서 어떤 경우에도 공평해야하고 생태적으
로 지속가능해야 한다는 것을 강조하면서 자연의 온전성과 다양성을 보전하
기 위한 노력을 세계 만방에 펼지고 있습니다.

 조건
- 글맵시 : 글꼴(HY수평선B), 채우기 색(검정 80% 밝게), 본문과의 배치(글 뒤로)
- 클립아트 : 한글무늬

11강 다단으로 문서 만들기

이렇게 배워요!

● 문서를 여러 개의 단으로 나누는 방법을 알아보아요.

● 다단 문서를 만들고 글자를 입력하는 방법을 알아보아요.

01 다단으로 나누어요

신문이나 순서지 같은 문서는 주로 다단을 이용하여 만들어요. 문서를 다단으로 나누는
방법을 알아보아요.

📁 [예제파일] 명절.hwp

① 파일을 불러온 후 문서를 2개의 단으로 나누기 위해 [쪽] 탭의 [단]에서 '둘'을 클릭
해요.

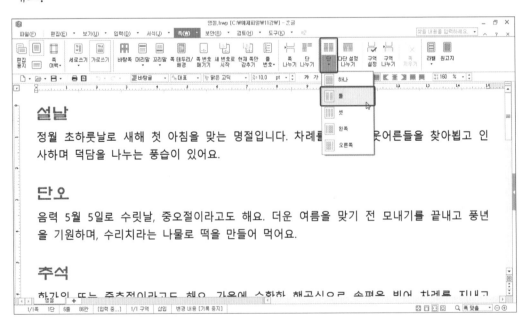

❷ 다단이 설정되면 다른 단에서 시작할 부분으로 커서를 이동한 후 [쪽] 탭의 [단 나누기]를 클릭해요.

❸ 그림과 같이 선택한 부분이 다음 단으로 이동해요.

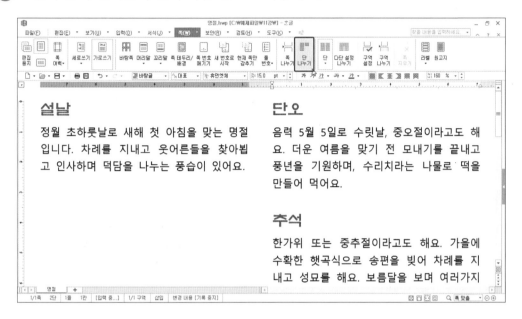

❹ [쪽] 탭의 [단]에서 '셋'을 클릭해요. 세 개의 단으로 나누어지면 그림과 같은 부분을 세 번째 단으로 이동시켜요.

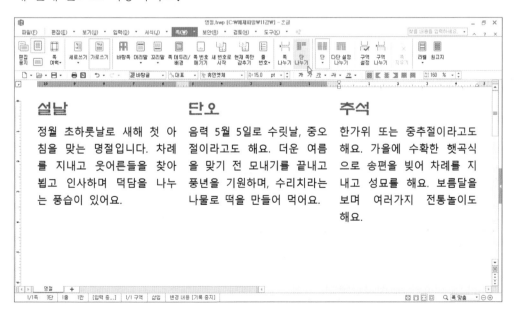

02 글상자로 다단 문서 제목 만들기

글상자를 이용하면 여러 단에 제목을 쉽게 만들 수 있어요. 글상자로 제목을 만들어 보아요.

① 다단 문서의 제목을 만들기 위해 [입력] 탭의 [자세히]에서 '가로 글상자'를 선택해요.

② 그림과 같이 마우스를 드래그하여 모든 단 위에 걸치도록 글상자를 삽입해요.

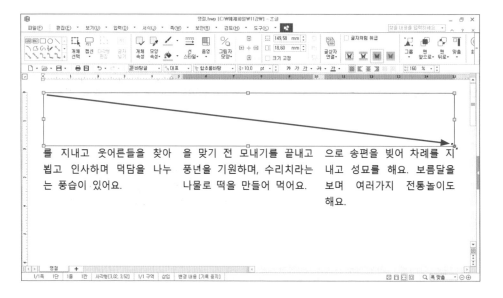

③ 글상자에 글자들이 가려지지 않게 만들기 위해 [도형] 탭에서 '어울림'을 선택해요.

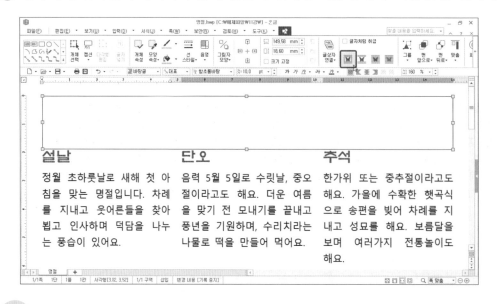

④ 글상자와 글자들 사이의 간격을 떨어뜨리기 위해 [도형] 탭의 [개채 속성]을 클릭해요.

⑤ [개체 속성] 대화상자가 표시되면 [여백/캡션] 탭의 [바깥 여백]에서 [아래쪽]을 '5.00mm'로 변경하고 [설정] 단추를 클릭해요.

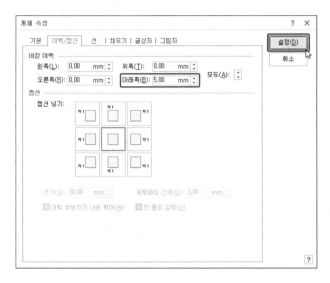

⑥ 비어있는 글상자에 제목으로 '우리나라의 명절'을 입력하고 아래 조건에 맞게 글자와 도형 서식을 지정하고 그리기 조각을 넣어 완성해요.

우리나라의 명절

설날
정월 초하룻날로 새해 첫 아침을 맞는 명절입니다. 차례를 지내고 웃어른들을 찾아뵙고 인사하며 덕담을 나누는 풍습이 있어요.

단오
음력 5월 5일로 수릿날, 중오절이라고도 해요. 더운 여름을 맞기 전 모내기를 끝내고 풍년을 기원하며, 수리치라는 나물로 떡을 만들어 먹어요.

추석
한가위 또는 중추절이라고도 해요. 가을에 수확한 햇곡식으로 송편을 빚어 차례를 지내고 성묘를 해요. 보름달을 보며 여러가지 전통놀이도 해요.

조건

- 글자 모양 : 글꼴(휴먼옛체), 크기(24pt), 글자 색(남색)
- 글상자 모양 : 채우기(파랑 90% 밝게), 선(반원)
- 그리기마당 : 그리기 조각 – 전통(미풍양속)

01 그림과 같이 다단을 설정하고 글상자, 그리기마당으로 꾸며 보세요.

📁 [예제파일] 전통음식.hwp

재미있는 전통 음식 이야기

구절판

대표적인 궁중 음식으로 가운데 둥근 칸에는 밀전병을 담고, 나머지 여덟 칸에는 각각 다른 음식을 담아 골고루 조금씩 전병에 싸서 먹는 음식이예요.

부럼

음력 정월 보름날 아침에 까먹는 견과류를 말해요. 잣이나 날밤, 호두, 은행, 땅콩 등을 먹는데, 1년 동안 모든 일이 잘되고 부스럼이 나지 말라고 기원하면서 먹어요.

02 그림과 같이 다단을 설정하고 글맵시, 그리기 마당으로 꾸며 보세요.

📁 [예제파일] 전통물건.hwp

우리나라의 전통물건

절구

곡식을 빻거나 찧는데 사용해요. 커다란 통나무나 돌의 속을 파낸 구멍 안에 곡식을 넣고 나무로 만든 절굿공이로 찧어서 가루나 반죽으로 만들어요.

항아리

물건을 담아 저장할 때 사용하는 질그릇으로 위와 아래가 좁고 배 부분이 볼록하게 나와있어요. 간장이나 된장, 곡식, 김치를 보관할 때 사용해요.

맷돌

무거운 두 개의 돌을 이용해서 곡식을 갈아 고운 가루를 만들어요. 작은 맷돌은 손으로 손잡이를 돌려 사용하지만, 큰 맷돌은 소나 여러 사람이 밀어서 갈기도 해요.

12강 표 만들기

이렇게 배워요!

● 문서에 표를 넣는 방법을 알아보아요.
● 표의 크기와 속성을 바꾸는 방법을 알아보아요.

01 문서에 표 넣기

표를 이용하면 복잡한 내용을 보기 쉽게 정리할 수 있어요. 문서에 표를 넣는 방법을 알아보아요.

📂 [예제파일] 체험학습.hwp

❶ 새로운 표를 만들기 위해 표를 넣을 부분으로 커서를 이동한 후 [입력] 탭의 [표]를 클릭해요.

❷ [표 만들기] 대화상자가 표시되면 [줄/칸]에서 [줄 수]는 '3', [칸 수]는 '5'를 입력하고 [만들기] 단추를 클릭해요

③ 문서에 표가 만들어지면 그림과 같이 내용을 입력해요. 글자와 문단 모양을 바꾸기 위해 모든 셀을 드래그하여 선택한 후 조건과 같이 설정해요.

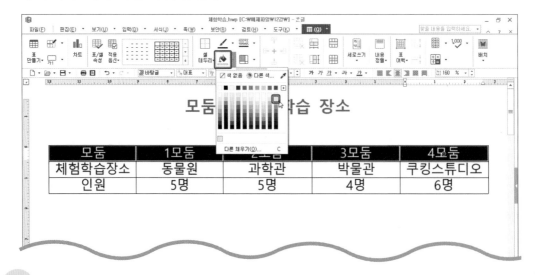

조건

- 글자 모양 : 글꼴(맑은 고딕), 글꼴 크기(12pt)
- 문단 모양 : 가운데 정렬

④ 셀에 색을 채우기 위해 첫 번째 줄을 블록 설정한 후 [표] 탭의 [셀 배경 색]을 클릭해요.

⑤ 그림과 같이 색 목록이 표시되면 원하는 색을 선택해요. 다른 셀에도 같은 방법을 이용하여 셀 배경 색을 바꿔 완성해요.

02 표 크기와 속성 바꾸기

표의 크기를 바꾸고 필요 없는 셀을 삭제하는 방법을 알아보아요.

❶ 표 전체를 블록 설정한 후 오른쪽 끝 부분의 선을 왼쪽으로 드래그해요. 표 전체의 가로 크기가 줄어들어요. 같은 방법을 이용하여 표의 높이도 바꿔 보세요.

모둠별 체험 학습 장소

모둠	1모둠	2모둠	3모둠	4모둠
체험학습장소	동물원	과학관	박물관	쿠킹스튜디오
인원	5명	5명	4명	6명

❷ 블록을 해제하고 각 셀의 선을 드래그해요. 드래그하는 방향으로 선이 이동하고 셀 크기가 바뀌어요. 그림과 같은 모양이 되도록 만들어 보세요.

모둠별 체험 학습 장소

모둠	1모둠	2모둠	3모둠	4모둠
체험학습장소	동물원	과학관	박물관	쿠킹스튜디오
인원	5명	5명	4명	6명

③ 필요 없는 부분을 지우기 위해 그림과 같이 셀 안으로 커서를 이동한 후 [표] 탭의 [칸 지우기]를 클릭해요. 선택한 셀의 모든 칸이 지워져요.

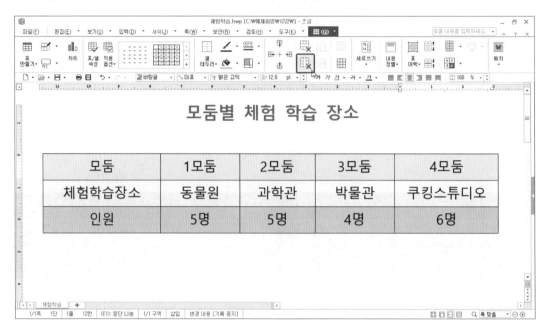

④ 가장 오른쪽의 셀을 선택하고 [표] 탭−[오른쪽에 칸 추가하기]를 클릭해요. 표에 새로운 칸을 추가할 수 있어요.

⑤ 지금까지 배운 방법을 이용하여 표를 그림과 같이 만들고 내용을 채워 보세요.

모둠별 체험 학습 장소

모둠	1모둠	2모둠	3모둠	4모둠	5모둠
체험학습장소	동물원	과학관	박물관	문화홀	미술관
인원	5명	5명	4명	6명	5명
모임시간	9시	8시30분	8시	9시10분	8시50분

01 파일을 불러온 후 그림과 같은 표를 만들어 보세요.

📁 [예제파일] 피자만들기.hwp

맛있는 피자를 만들어요!

	재료	이래서 필요해요	비고
1	밀가루	피자 도우의 주재료입니다.	빵
2	이스트	밀가루 반죽을 부풀려 줍니다.	빵
3	물	밀가루를 뭉쳐지게 해줍니다.	빵
4	양파	달콤한 맛을 냅니다.	소스
5	토마토	새콤달콤한 맛을 냅니다.	소스
6	육수	깊고 풍부한 맛을 냅니다.	소스
7	피망	예쁜 모양과 매콤한 맛을 냅니다.	토핑
8	양송이	쫄깃하고 좋은 향을 냅니다.	토핑
9	햄	취향에 따라 고기를 사용하기도 합니다.	토핑
10	치즈	쭉쭉 늘어나는 모짜렐라 치즈를 사용합니다.	토핑

02 파일을 불러온 후 삽입된 표를 이용하여 그림과 같이 만들어 보세요.

📁 [예제파일] 여행일정표.hwp

영국여행 일정표

	첫째날		둘째날	
09:00~10:00	대영박물관 관람	자유일정	트라팔가 광장	
10:00~11:00			국회 의사당과 빅벤 관람	
11:00~12:00	버킹검 궁전 및 근위병 교대식		웨스트민스턴 사원 관람	
12:00~13:00			점심식사	
13:00~14:00	점심식사		유로스타 탑승	
14:00~15:00	타워 오브 브릿지 관람			
15:00~16:00	트라팔가 광장 관람		파리 북역 도착	
16:00~17:00	자유일정	호텔투숙	자유일정	야간투어

13강 표 활용하기

이렇게 배워요!

● 표 안의 숫자들을 계산하는 방법을 알아보아요.
● 셀 합치기와 표 마딩을 적용하는 방법을 알아보아요.

01 표 계산하기

표 안의 숫자들의 합계나 평균을 자동으로 구할 수 있어요. 표 안의 숫자들을 계산하는 방법을 알아보아요.

📁 [예제파일] 점수표.hwp

1️⃣ 파일을 불러온 후 그림과 같이 첫 번째 줄의 계산하려는 부분을 블록으로 설정하고 [표] 메뉴-[블록 계산식]의 [블록 합계]를 클릭해요.

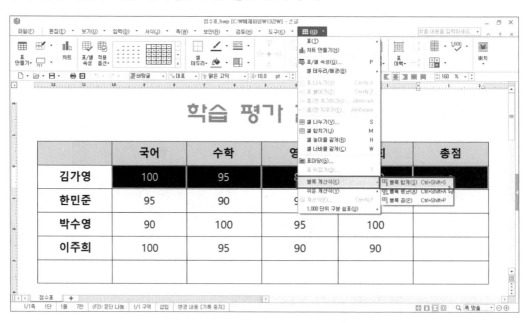

② 자동으로 블록 설정한 부분의 숫자들의 합계를 구해 표시해요. 같은 방법을 이용하여 다른 줄에 있는 숫자들도 합계를 구해 보세요.

학습 평가 결과

	국어	수학	영어	사회	총점
김가영	100	95	85	100	380
한민준	95	90	90	95	370
박수영	90	100	95	100	385
이주희	100	95	90	90	375

③ 여러 셀을 하나로 만들기 위해 마지막 줄의 셀을 그림과 같이 블록 설정한 후 [표] 탭의 [셀 합치기]를 클릭해요.

④ 여러 셀이 하나로 합쳐지면 셀에 '우리 반의 평균 점수'를 입력해요.

⑤ 가장 오른쪽 칸의 모든 셀을 블록 설정한 후 [표] 메뉴-[블록 계산식]의 [블록 평균]을 클릭해요.

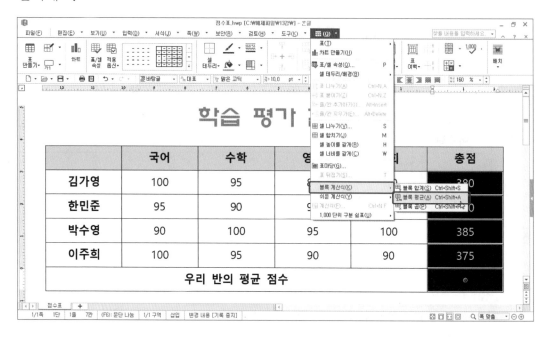

⑥ 블록 설정한 부분의 평균이 구해져요. 각 셀의 값을 바꾸어 합계와 평균이 자동으로 계산되는지 확인해 보세요.

학습 평가 결과

	국어	수학	영어	사회	총점
김가영	100	95	85	100	380
한민준	95	90	90	95	370
박수영	90	100	95	100	385
이주희	100	95	90	90	375
우리 반의 평균 점수					377.50

02 표 마당 설정하기

표 마당은 미리 설정해 놓은 디자인을 표에 적용하는 기능이에요. 빠르게 멋진 표를 만들수 있는 표 마당에 대해 알아보아요.

1 표를 선택하고 [표] 메뉴-[표마당]을 클릭해요.

2 [표 마당] 대화상자의 [표마당 목록]에서 원하는 스타일을 선택해요. [미리 보기]에 선택한 스타일이 표시되면 [설정] 단추를 클릭해요.

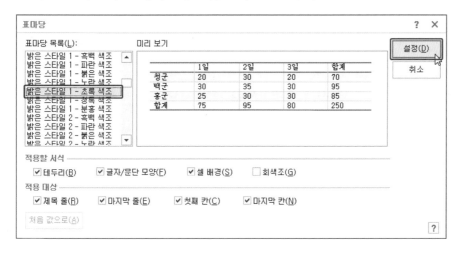

3 표에 선택한 스타일이 적용된 것을 확인할 수 있어요.

4 [표 마당] 대화상자의 [표마당 목록]에서 '일반 - 기본'을 선택하거나 [서식] 도구 상자의 [되돌리기]를 클릭하면 스타일을 없앨 수 있어요.

학습 평가 결과

	국어	수학	영어	사회	총점
김가영	100	95	85	100	380
한민준	95	90	90	95	370
박수영	90	100	95	100	385
이주희	100	95	90	90	375
우리 반의 평균 점수					377.50

01 파일을 불러온 후 그림과 같이 계산해 보세요.

📁 [예제파일] 줄넘기.hwp

줄넘기 평가

	1차 횟수	2차 횟수	3차 횟수	4차 횟수	평균
김가영	30	35	32	40	34.25
한민준	45	50	48	40	45.75
박수영	35	50	52	48	46.25
이주희	40	42	48	45	43.75
평균	37.50	44.25	45.00	43.25	42.50

02 파일을 불러온 후 그림과 같이 계산하고 표 마당에서 스타일을 적용해 보세요.

📁 [예제파일] 노벨상.hwp

국가별 노벨상 수상자

국가	물리학	화학	의학	문학	평화	경제학	합계
미국	68	46	82	11	19	32	258
영국	20	25	23	6	5	6	85
독일	20	27	16	7	5	1	76
프랑스	11	7	8	13	8	1	48
스웨덴	4	3	8	7	5	2	29
스위스	3	5	6	2	3	0	19
합계	126	113	143	46	45	42	

14강 차트 만들기

● 표 안의 데이터를 차트로 만드는 방법을 알아보아요.

● 차트를 꾸미는 방법을 알아보아요.

01 차트 만들기

차트를 이용하면 복잡한 자료를 쉽게 이해할 수 있어요. 표 내용으로 차트를 만드는 방법을 알아보아요.

📁 [예제파일] 고층건물.hwp

1️⃣ 표 전체를 블록 설정한 후 [표] 탭의 [차트]를 클릭해요.

2️⃣ 그림과 같이 문서에 자동으로 차트가 삽입돼요. 표에 입력된 내용이 차트에 적용된 것을 확인할 수 있어요.

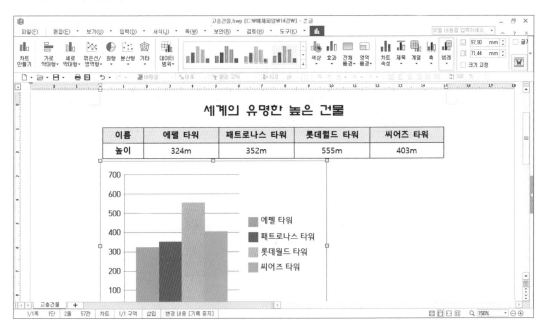

③ 차트를 마우스로 드래그하면 원하는 위치로 이동할 수 있어요.

④ 차트를 선택하여 표시되는 조절점을 드래그하면 확대하거나 축소할 수 있어요. 그림과 같이 차트를 이동시키고 크기를 조절해요.

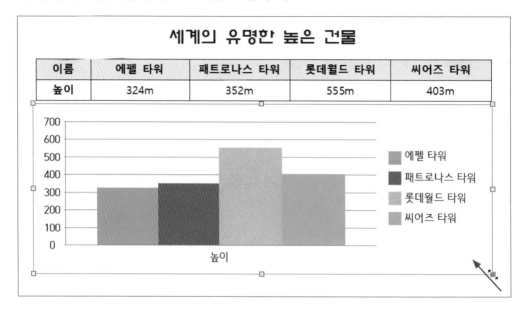

세계의 유명한 높은 건물

이름	에펠 타워	패트로나스 타워	롯데월드 타워	씨어즈 타워
높이	324m	352m	555m	403m

⑤ 표 안의 내용을 그림과 같이 바꿔 보세요. 자동으로 차트의 막대 크기도 바뀌는 것을 확인할 수 있어요.

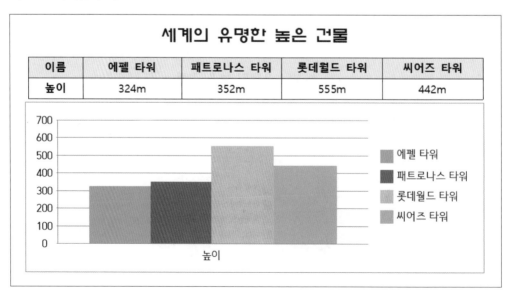

세계의 유명한 높은 건물

이름	에펠 타워	패트로나스 타워	롯데월드 타워	씨어즈 타워
높이	324m	352m	555m	442m

차트 모양 바꾸기

차트를 다른 모양으로 변경하고 차트 스타일과 요소들의 위치를 바꾸는 방법에 대해 알아보아요

1 차트를 선택한 후 다른 모양으로 바꾸기 위해 [차트] 탭의 [가로 막대형]을 클릭해요.

2 표시된 차트 목록에서 '묶은 가로 막대형'을 클릭하면 선택한 모양으로 차트가 바뀌어요.

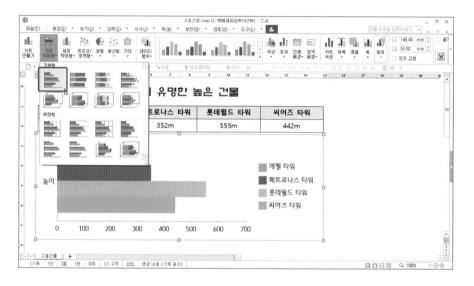

3 차트 스타일을 바꾸기 위해 [차트] 탭의 [자세히]를 클릭해요. 표시된 스타일 목록에서 '파란색조, 기본 모양'을 선택해요.

4 차트가 선택한 스타일로 바 뀐 것을 확인할 수 있어요. 다른 차트 스타일도 하나씩 선택해서 어떤 모양으로 바 뀌는지 확인해 보세요.

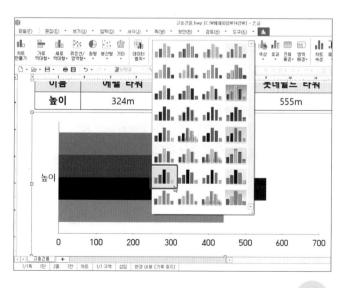

⑤ 범례의 위치를 바꾸기 위해 [차트] 탭의 [범례]를 클릭해요. 목록이 표시되면 [아래쪽 표시]를 선택해요

⑥ 차트 오른쪽에 표시되었던 범례가 차트의 아래쪽으로 이동해요.

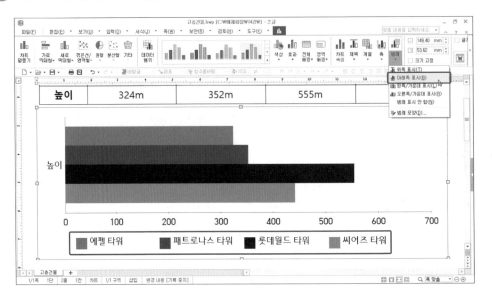

⑦ 차트에 배경을 적용하기 위해 [차트] 탭의 [전체 배경]을 클릭해요. 목록에서 '배경 – 연보라색'을 선택해요.

⑧ 선택한 색이 차트 전체에 배경으로 적용된 것을 확인할 수 있어요.

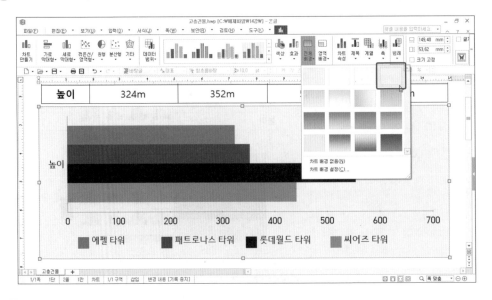

01 파일을 불러온 후 표를 이용하여 그림과 같은 차트를 만들어 보세요.

📁 [예제파일] 선물조사.hwp

받고 싶은 선물 조사결과

선물	선택인원
스마트폰	50명
노트북	25명
게임기	15명
문화상품권	30명

선택인원

- 스마트폰
- 노트북
- 게임기
- 문화상품권

02 파일을 불러온 후 그림과 같은 모양이 되도록 차트 스타일과 속성을 바꿔 보세요.

📁 [예제파일] 봉사활동.hwp

1학기 봉사활동시간

	3월	4월	5월	6월	7월
봉사활동시간	30시간	24시간	20시간	32시간	40시간
참여인원	20명	18명	15명	19명	22명

15강 문서 모양 바꾸기

이렇게 배워요!

● 문서의 크기와 방향을 바꾸는 방법을 알아보아요.
● 쪽 테두리와 배경을 지정하는 방법을 알아보아요.

 01 문서 크기와 방향 바꾸기

대부분의 문서는 세로 방향의 A4 크기를 사용합니다. 문서의 방향을 바꾸고 내가 원하는
크기로 설정하는 방법을 알아보아요.

📁 [예제파일] 테디베어.hwp

① 파일을 불러온 후 문서 방향을 바꾸기 위해 [쪽] 탭의 [가로]를 클릭해요.

② 세로 방향의 문서가 가로 방향으로 바뀐 것을 확인할 수 있어요.

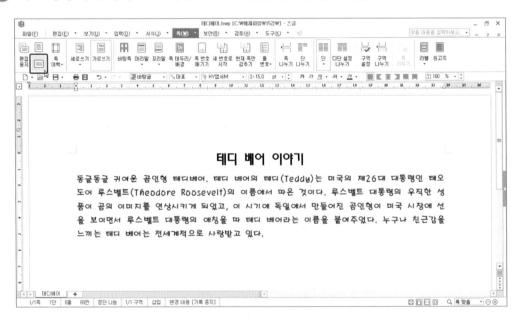

③ 문서 크기와 여백을 바꾸기 위해 [쪽] 메뉴-[편집 용지]를 클릭해요.

④ [편집 용지] 대화상자가 표시되면 [용지 종류]의 [폭]은 '110mm', [길이]는 '200mm', [용지 여백]은 그림과 같이 변경하고 [설정] 단추를 클릭해요.

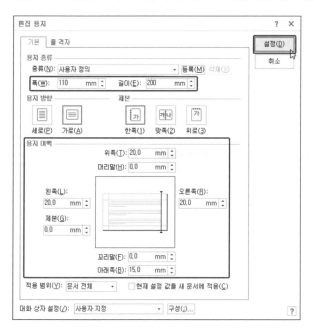

⑤ 그림과 같이 문서 크기와 여백이 바뀐 것을 확인할 수 있어요.

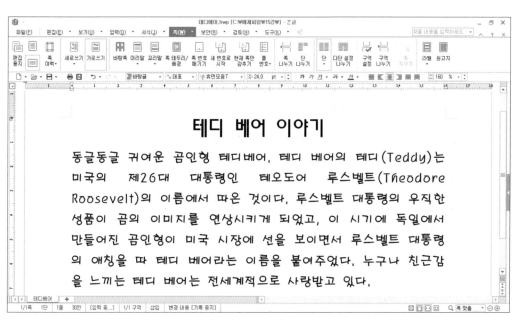

02 쪽 테두리와 배경 지정하기

문서에 테두리를 삽입하고 예쁜 그림을 배경으로 지정하는 방법을 알아보아요.

1 문서에 쪽 테두리를 설정하기 위해 [쪽] 탭의 [쪽 테두리/배경]을 클릭해요.

2 [쪽 테두리/배경] 대화싱자가 표시뇌면 [테두리]를 그림과 같이 지정한 후 [설정] 단추를 클릭해요.

3 문서의 테두리가 지정한 모양으로 설정된 것을 확인할 수 있어요. 문서 배경을 설정하기 위해 다시 [쪽] 탭의 [쪽 테두리/배경]을 클릭해요.

테디 베어 이야기

동글동글 귀여운 곰인형 테디베어, 테디 베어의 테디(Teddy)는 미국의 제26대 대통령인 테오도어 루스벨트(Theodore Roosevelt)의 이름에서 따온 것이다. 루스벨트 대통령의 우직한 성품이 곰의 이미지를 연상시키게 되었고, 이 시기에 독일에서 만들어진 곰인형이 미국 시장에 선을 보이면서 루스벨트 대통령의 애칭을 따 테디 베어라는 이름을 붙여주었다. 누구나 친근감을 느끼는 테디 베어는 전세계적으로 사랑받고 있다.

④ [쪽 테두리/배경] 대화상자가 표시되면 [배경] 탭을 선택해요. [채우기]의 '그림'을 선택하면 자동으로 [그림 넣기] 대화상자가 열려요. 예제 파일 중 '배경1.jpg'를 선택하고 [넣기] 단추를 클릭해요.

⑤ 다시 [쪽 테두리/배경] 대화상자로 돌아오면 그림과 같이 지정하고 [설정] 단추를 클릭해요.

⑥ 문서 배경으로 선택한 그림이 표시되는 것을 확인할 수 있어요. 다른 모양의 쪽 테두리와 그림 설정으로 변경해 보세요.

테디 베어 이야기

동글동글 귀여운 곰인형 테디베어. 테디 베어의 테디(Teddy)는 미국의 제26대 대통령인 테오도어 루스벨트(Theodore Roosevelt)의 이름에서 따온 것이다. 루스벨트 대통령의 우직한 성품이 곰의 이미지를 연상시키게 되었고, 이 시기에 독일에서 만들어진 곰인형이 미국 시장에 선을 보이면서 루스벨트 대통령의 애칭을 따 테디 베어라는 이름을 붙여주었다. 누구나 친근감을 느끼는 테디 베어는 전세계적으로 사랑받고 있다.

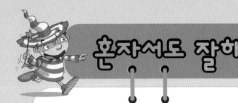

01 다음 조건에 맞게 문서의 방향과 크기를 바꾸어 보세요.

📁 [예제파일] 현장학습.hwp

현장학습 안내문

대상 : 3, 4학년 자연탐방반 학생
시간 : 오전 9시~오후 4시

이번 주 토요일에 나비공원으로 현장학습을 갈 예정입니다.
희망하는 사람은 참가비 10,000원을 수요일까지 신청서와 함께 보내주세요.
자세한 사항은 담당 선생님께 문의하기 바랍니다.

인명초등학교 싱그러운 자연탐방반

조건
- 방향 : 가로
- 용지 여백 : 위/아래/왼쪽/오른쪽 – 10mm, 나머지 – 0mm

02 쪽 테두리와 배경을 이용하여 그림과 같이 문서를 꾸며 보세요.

📁 [예제파일] 연꽃.hwp

물 속에서 피는 연꽃

연못이나 논밭과 같은 진흙 속에서 자라는 연꽃은 청결하고 고귀한 식물로 알려져 있다. 잎은 뿌리줄기에서 나와 길게 자란 잎자루 끝에 둥글게 달린다. 잎자루 안에 있는 구멍은 땅 속 줄기의 구멍과 통하는데 7~8월이 되면 꽃줄기 끝에 커다란 꽃이 1개씩 달린다. 땅 속 줄기는 연근이라고 하며, 비타민과 미네랄의 함량이 높아 요리에 많이 이용한다.

16강 맞춤법과 사전 사용하기

이렇게 배워요!

● 올바른 맞춤법에 맞게 교정하는 방법을 알아보아요.
● 한컴 사전을 이용하는 방법을 알아보아요.

01 올바른 맞춤법에 맞게 고쳐요

문서에 맞춤법이 맞지 않는 부분이 있다면 어떻게 할까요? 맞춤법을 검사하고 교정하는 방법을 알아보아요.

📁 [예제파일] 영어단어장.hwp

❶ 파일을 불러온 후 어느 부분이 맞춤법에 맞지 않은지 찾아보세요. 대부분 빨간색으로 밑줄이 있는 곳들이 맞춤법에 맞지 않은 부분이에요.

영어 단어장

한글단어	영어단어	한글단어	영어단어
고규마		원숭이	
감쟈		엄소	
양퍼		호량이	
댱근		코불소	
상츄		햐마	

② 맞춤법에 맞게 고치기 위해 문서의 가장 첫 부분으로 커서를 이동한 후 [도구] 탭의 [맞춤법 검사]를 클릭해요.

③ [맞춤법 검사/교정] 대화상자가 표시되면 [시작] 단추를 클릭해요.

④ 맞춤법에 맞지 않은 부분이 검색되면 그림과 같이 표시해요. 맞춤법에 맞게 수정할 단어를 선택하고 [바꾸기] 단추를 클릭하면 올바른 단어로 바꿀 수 있어요.

⑤ 같은 방법을 이용하여 문서의 모든 내용을 맞춤법에 맞게 교정해 완성해요.

02 한컴 사전으로 찾아요

한컴 사전을 이용하면 문서를 작성하면서 원하는 내용을 쉽게 찾을 수 있어요. 한컴 사전을 이용하는 방법을 알아보아요.

1 비어있는 공간에 해당하는 영어 단어를 찾기 위해 [검토] 탭의 [사전 모음]에서 [한컴 사전]을 클릭해요.

2 [한컴 사전]이 표시되면 검색란에 '고구마'를 입력하고 [찾기] 단추를 클릭해요. 고구마 에 해당하는 뜻을 그림과 같이 표시해요

3 '고구마'가 영어로 무엇인지 찾기 위해 [영어] 단추를 클릭해요. 그림과 같이 '고구마' 에 해당하는 영어 단어들을 표시해요.

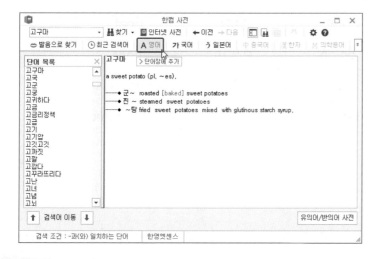

④ 검색된 결과를 문서로 가져오기 위해 복사하려는 부분을 그림과 같이 블록 설정한 후 마우스 오른쪽 버튼을 클릭해요. 메뉴가 표시되면 [복사하기]를 클릭해요.

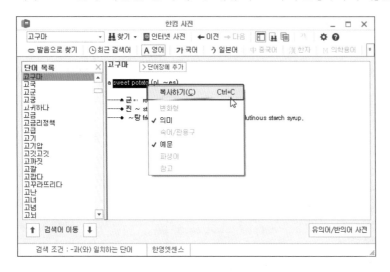

⑤ 글자를 넣을 부분을 클릭하고 [편집] 탭의 [붙이기]를 클릭하면 복사한 내용을 가져올 수 있어요.

⑥ 같은 방법을 이용하여 나머지 부분에도 한컴 사전에서 검색하고 입력해 완성해요.

영어 단어장

한글단어	영어단어	한글단어	영어단어
고구마	sweet potato	원숭이	monkey
감자	potato	염소	goat
양파	onion	호랑이	tiger
당근	carrot	코뿔소	rhinoceros
상추	lettuce	하마	hippopotamus

01 파일을 불러온 후 맞춤법에 맞게 교정해 보세요.

📁 [예제파일] 새옹지마.hwp

새옹지마(塞翁之馬)

옛날 어떤 한 할아버지가 살고 있었습니다. 그런 데 어느 날 갑자기 자신이 가장 아끼던 말 한마디가 사라져 버렸습니다. 마을사람들은 그 할아버지를 위로해 주었다. 그러나 그 할아버지가 말하길. "이 일이 좋은 일이 될지 어찌 아오."

그 다음 날 그 말이 여러 마리 말을 데리고 왔습니다. 마을 사람들은 좋은 일이라며 기뻐하였습니다. 그러나 그 할아버지가 말하길 "이 일이 나쁜 일이 될지 어찌 아오."

그 할아버지의 아들이 말 타기 연습을 하다가 말에서 떨어져 다리를 다치게 되었습니다. 마을사람들은 위로 하였으나 할아버지가 말하길, "이 일이 좋은 일이 될지 어찌 아오."

1년 뒤, 전쟁이 일어나 그 마을 청년들은 전쟁터에 나가 목숨을 잃었으나, 그 할아버지의 아들은 나가지 않아 목숨을 유지할 수 있었습니다.

---

02 한컴사전을 이용하여 그림과 같은 단어장을 만들어 보세요.

📁 [예제파일] 사자성어.hwp

사전으로 찾아보는 사자성어

사자성어	형설지공	한자	螢雪之功
뜻	고생을 하면서 꾸준히 공부하여 얻은 보람		
사자성어	대기만성	한자	大器晩成
뜻	크게 될 사람은 늦게 이루어진다는 말		
사자성어	입신양명	한자	立身揚名
뜻	출세해서 세상에 이름을 들날림		
사자성어	근묵자흑	한자	近墨者黑
뜻	나쁜 사람과 사귀면 물들기 쉽다는 말		
사자성어	과유불급	한자	過猶不及
뜻	정도를 지나침은 미치지 못한 것과 같다는 뜻		

 과학박람회 초대장 만들기

📁 [연습파일] 과학박람회.hwp

가족들과 함께 하는 과학박람회 초대장을 만들고 표를 꾸며 완성해 보세요.

찾아가는 과학박람회

안녕하세요? 올해로 3번째 열리는 '**찾아가는 과학박람회**'에 여러분을 초대합니다.
올해는 부모님도 함께 참여할 수 있는 여러 행사들을 준비했습니다.
참석하실 가족은 아래의 신청서를 작성하여 선생님께 보내주시기 바랍니다.

▶ 일 시 : 4월 20일 10:00~14:00
▶ 장 소 : 운동장 및 각 체험교실
▶ 대 상 : 우리 학교 학생 및 가족
▶ 식순 및 체험교실

시간	행 사	장 소
10:00~10:30	과학박람회 축하행사	운동장
10:30~11:00	신기한 과학 마술쇼	강당
11:00~13:00	만들고 즐기는 신기한 과학 교실	각 체험교실
13:00~14:00	꼬마 과학자 선발대회	강당

✂ - ✂

과학박람회 신청서

번호	이름	학년/반	학생과의 관계	연락처
1				
2				
3				
4				

HINT
- 윗 제목 : 글꼴(HY헤드라인M), 글꼴 크기(32pt), 글꼴 색(빨강 10% 어둡게), 진하게
- 본문 : 글꼴(함초롬바탕), 글꼴 크기(12pt)
- 아래 제목 : 글꼴(HY헤드라인M), 글꼴 크기(15pt)
- 자르는 표시는 기호를 이용하여 삽입
- 윗 표 스타일 : 표마당(밝은 스타일 1 – 붉은 색조)
- 아래 표 스타일 : 표마당(보통 스타일 3 – 흑백 색조)

 ## 사랑의 효도쿠폰 만들기

[연습파일] 효도쿠폰.hwp

사랑하는 부모님께 효도쿠폰을 직접 만들어 선물해 볼까요? 표와 그리기마당을 이용해 완성해 보세요.

HINT
- 표 : 5줄×2칸의 표를 만들고 가장 윗줄은 하나로 합칩니다.
- 셀 : 자르는 부분의 테두리는 점선으로 만듭니다.
  셀의 색은 원하는 색으로 설정합니다.
- 제목 : 글꼴(HY엽서M), 글꼴 크기(32pt, 48pt), 글꼴 색(주황 20% 밝게), 진하게
- 셀 내용 : 글꼴(HY엽서M), 글꼴 크기(20pt)
- 그림 : 그리기마당에서 적절한 그림을 골라 삽입합니다

 ## 운동회 초대장 만들기

📁 [연습파일] 운동회초대장.hwp

가족들과 함께 하는 신나는 가을 운동회 초대장을 만들어요. 글맵시와 클립아트를 삽입해서 멋있게 꾸며 보세요.

HINT

- 글맵시 : 스타일(채우기 – 주황색 그러데이션, 역등변사다리꼴 모양),
  글맵시 모양(위로 넓은 원통)
- 그림 : 그리기 마당과 클립아트에서 삽입
- 글상자 : 면 색(분홍색 계열), 선 종류(점선), 굵기(0.4mm), 사각형 모서리 곡률(둥근 모양)
  제목 : 글꼴(HY엽서M), 글꼴 크기(32pt), 글꼴 색(보라), 진하게
  내용 : 글꼴(HY엽서M), 글꼴 크기(20pt), 앞부분에 기호 삽입

[연습파일] 그림일기.hwp

 그림일기장 만들기

하루 동안 어떤 일이 있었나요? 하루 중에서 가장 기억에 남는 내용을 표를 이용해서 그림일기장을 만들어 보세요.

6월 14일 월요일		☀ 🌬 ☂ ⛄
🕐 일어난 시간		🕐 잠자는 시간
7시 30분		9시 50분

오늘은 그동안 연습한 훌라후프 대회날. 누가 가장 많이

훌라후프를 돌릴까? 예준이는 민지하고 부딪쳤지만

아슬아슬하게 계속 돌렸는데, 그걸 구경하던 나는 그만

엉덩이 아래로 쑥 내려가 버렸다. 다음에는 잘 해야지!

선생님 확인	

HINT
- 표 : 9줄×4칸의 표를 만들고 그림과 같이 합치거나 크기를 조절합니다.
- 기호 : 날씨 기호는 문자표를 이용하여 삽입
- 그림 : 그리기 마당과 클립아트에서 삽입
- 날짜와 요일 : 글꼴(휴먼모음T), 글꼴 크기(20pt)
- 내용 : 글꼴(함초롬바탕), 글꼴 크기(15pt)

[연습파일] 독서일기.hwp

독서신문 만들기

재미있고 흥미로운 책을 소개하는 우리반 독서신문을 만들어요. 글상자를 이용하여 내용을 입력하고 꾸며 보세요.

HINT

- 글맵시 : 스타일(채우기 – 자주색 그러데이션, 회색 그림자, 직사각형 모양), 글맵시 모양(위쪽 리본 사각형)
- 제목 글상자 : 선(원형 점선), 굵기(0.7mm), 둥근 모양, 채우기(연두색 계열), 글꼴(휴먼엑스포), 글꼴 크기(22pt)
- 왼쪽 글상자 : 선(실선), 채우기(보라색 계열), 글꼴(HY엽서M), 글꼴 크기(16pt)
- 오른쪽 글상자 : 선(실선), 채우기(연두색 계열), 글꼴(HY엽서M), 글꼴 크기(16pt)
- 그림 : 그리기마당과 클립아트를 이용하여 삽입하고, 배경 그림은 글 뒤로 배치하고 밝기와 대비를 조절합니다.

 ## 포스터 만들기

📂 [연습파일] 포스터.hwp

나를 소개하는 학생회장 선거 포스터를 만들어 보아요. 글상자와 글맵시, 그림을 넣어 재미있게 만들어 보세요.

> **HINT**
> - 위쪽 글상자 : 선(선 없음), 사각형 모서리 곡률(반원), 채우기(보라 10% 밝게)
>   글꼴(맑은 고딕), 글꼴 크기(24pt), 글꼴 색(하양), 진하게
> - 기호 글상자 : 세로 글상자 이용하여 삽입. 글꼴(맑은 고딕), 글꼴 크기(32pt), 진하게
> - 숫자 글상자 : 글꼴(HY헤드라인M), 글꼴 크기(154pt), 글꼴 색(빨강), 진하게, 그림자
> - 그림 : 그리기마당을 이용하여 삽입합니다.
> - 이름 글맵시 : 스타일(채우기 – 없음, 직사각형 모양), 글꼴(휴먼둥근헤드라인),
>   선(실선) 굵기(0.5mm), 채우기 색(녹색 계열)
> - 아래 글상자 : 선(둥근 점선), 선 색(주황), 굵기(2mm), 사각형 모서리 곡률(둥근 모양),
>   채우기(남색), 글꼴(휴먼모음T), 글꼴 크기(40pt), 글꼴 색(하양)

 요리 재료표 만들기

[연습파일] 요리재료.hwp

우리가 먹는 요리 재료는 어떤 것이 있을까요? 맛있는 요리 재료들을 다단으로 정리하고 그림을 넣어 완성해 보세요.

맛있는 요리 재료

당근
영양이 풍부하고 쥬스로 마셔도 너무 좋아요.

가지
볶아서 먹으면 맛있게 밥 한공기 뚝딱!

양파
다른 야채들과 함께 볶으면 달콤해져요.

고구마
삶아 먹어도, 구워 먹어도 어떻게 먹어도 맛이 있어요.

버섯
엄마의 비법소스로 졸이면 깜짝 놀랄정도로 맛이 있어요.

무
내가 제일 좋아하는 깍두기의 재료. 시원하고 아삭거려서 좋아요.

감자
동글 동글 맛있는 감자는 내가 제일 좋아하는 반찬으로 만들어요.

마늘
음식을 만들 때 콩콩 찧어서 함께 넣으면 모든 음식이 더 맛있어져요.

고추
파란 고추는 어른들이 그냥 드시고, 빨간 고추는 가루로 만들어요.

HINT

- 글상자 : 선(긴 파선), 굵기(0.6mm), 사각형 모서리 곡률(반원), 채우기(연한 보라색 계열), 글꼴(휴먼둥근헤드라인), 글꼴 크기(32pt), 글꼴 색(진한 보라색 계열)
- 그림 : 그리기마당과 클립아트를 이용하여 삽입합니다.
- 다단 : 3개의 다단으로 나누고 구분선을 삽입합니다.
- 쪽 테두리 : 종류(원형 점선), 굵기(0.5mm), 색(초록)

92

 ## 식물 관찰 보고서 만들기

📁 [연습파일] 관찰보고서.hwp

씨앗을 심고 자라나는 과정을 정리하는 문서를 만들어 보아요. 표의 자료를 이용하여
차트도 만들어 넣어 완성해요.

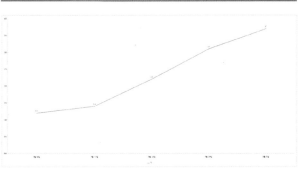

새싹 관찰 보고서

▶주제 : 씨앗을 심고 새싹이 자라는 과정을 관찰해요.

관찰일자	7월 10일	7월 17일	7월 23일	7월 29일	8월 5일
키	1.2cm	1.4cm	2.2cm	3.1cm	3.7cm
온도	27도	28도	28도	26도	29도
날씨	☀	☁	☂	☀	☀

관찰내용

- 화분에 흙을 담고 씨앗을 심은 후 물을 충분히 줬어요.
- 몇 일 간격으로 얼마나 자라는지 확인했어요.
- 10일이 지났을 때 싹이 흙을 뚫고 조금 보이기 시작했어요.
- 뜨거운 햇빛을 피해 시원하고 서늘한 그늘로 옮겼어요.
- 자를 이용하여 새싹이 얼마나 자랐는지 확인하고 기록했어요.

HINT
- 제목 : 글꼴(HY헤드라인M), 글꼴 크기(32pt), 글꼴 색(검은 군청)
- 내용 : 글꼴(맑은 고딕), 글꼴 크기(15pt, 12pt)
- 윗부분 표 : 4줄×6칸으로 만들고 표마당(밝은 스타일 1 – 청록 색조) 적용,
   날씨 기호는 문자표를 이용하여 삽입합니다.
- 차트 : 표의 관찰일자와 키를 이용하여 만듭니다.(자료점 이름표(값) 표시 꺾은선형)
- 아랫부분 표 : 2줄×1칸으로 만듭니다.

memo

memo